PAUL ALEXIS

L'ÉDUCATION AMOUREUSE

CÉSAR PANAFIEU
JOIES D'ENFANT — SUR LA BUTTE — PRODUITS DU MIDI
STANISLAS LEVILLAIN. — LE BONHEUR

PARIS

G. CHARPENTIER ET Cⁱᵉ, ÉDITEURS

11, RUE DE GRENELLE, 11

—

1890

Tous droits réservés

L'ÉDUCATION AMOUREUSE

BIBLIOTHÈQUE CHARPENTIER

à 3 fr. 50 le volume.

DU MÊME AUTEUR

La Fin de Lucie Pellegrin (2ᵉ mille) . . . . 1 vol.
Le Besoin d'aimer (2ᵉ mille) . . . . 1 vol.
Emile Zola *notes d'un ami* (3ᵉ mille) . . . . 1 vol.
Les Soirées de Médan, *en collaboration avec Zola, de Maupassant, Huysmans, Céard, Hennique.*

THÉATRE

Celle qu'on n'épouse pas, pièce en 1 acte (Gymnase). 1 fr.
La Fin de Lucie Pellegrin, pièce en 1 acte (Théâtre libre). 1 fr.

En collaboration avec Oscar Meténier

Les Frères Zemganno, pièce en 3 actes (Théâtre libre). 2 f 50
Monsieur Betsy, comédie en 4 actes (Variétés) 2 50

PAUL ALEXIS

L'ÉDUCATION AMOUREUSE

CÉSAR PANAFIEU
ES D'ENFANT — SUR LA BUTTE — PRODUITS DU MIDI
STANISLAS LEVILLAIN. — LE BONHEUR

PARIS
G. CHARPENTIER ET Cie, ÉDITEURS
11, RUE DE GRENELLE, 11

1890
Tous droits réservés.

A LA MÉMOIRE

DE

DURANTY

Mort à quarante-sept ans

Le 9 avril 1880

PAUVRE

IMPOPULAIRE ET FIER

CÉSAR PANAFIEU

> Notre globe lui-même est peut-être une fusée un peu plus durable que les autres.
>
> H. DE BALZAC.

Fragments du journal d'un demi-fou, fêlé et lucide ; sensations et rêvasseries d'un inoffensif original, que le siège de Paris acheva sans doute de détraquer.

Papiers retrouvés dans la poche de la vareuse d'un fédéré (grand ! maigre ! profil osseux ! type à la Don Quichotte !) tué à côté de Gustave Flourens, le jour de la grande sortie de la Commune contre Versailles.

Conforme au manuscrit authentique, qui subsiste, troué par une balle, encore maculé de sang et de boue.

I

Les voici.

De toute la nuit je n'ai pu fermer l'œil; je les entendais venir. J'ignore quelle surexcitation avait décuplé mon ouïe. De mon lit, où j'attendais en vain le sommeil, je les entendais comme si j'avais passé ma nuit à errer dans la banlieue, bien plus loin que les remparts et les forts, gravissant les collines pour sonder l'horizon, puis collant mon oreille contre la poussière des routes pour saisir les lointains ébranlements du sol. Mes tempes brûlantes s'enfonçaient en vain dans l'oreiller, je ne pouvais éviter l'obsession de ces pas d'hommes et de chevaux, qui me retentissaient dans le cerveau.

Pendant d'interminables heures, j'ai subi les progrès, lents mais continus, d'un océan humain qui montait sourdement et submergeait la contrée. Et, ce qui me paraît plus étrange encore, j'entendais si nettement que je finissais par voir ce que j'entendais. Des flocons de poussière surgissaient d'abord, obscurcissant la nuit. Puis, de ces nuages, il sortait d'interminables colonnes, des masses vivantes qui s'allongeaient sans cesse, en serpentant sur les hauteurs et dans les vallées, comme de gigantesques reptiles noirs. Et aucun détail ne m'échappait; les jambes marchaient en cadence; quand les roues des canons s'enfonçaient dans les ornières, j'entendais grincer des essieux; les mitrailleuses, dans les endroits pierreux, sautaient fréquemment, secouées par des cahots; des silhouettes de cavaliers, drapés dans des manteaux, défilaient : parfois, quelque rayon de lune faisait luire un canon de fusil; des sabots de cheval heurtant les cailloux, il jaillissait des étincelles.

Vers le matin, ces détails sont devenus confus. De tout ce fracas d'armées en marche, il ne m'est resté dans le cerveau qu'une sensation lourde de fatigue, un écrasement. Je suis tombé dans une sorte de somnolence, où j'entendais encore le battement de mes artères contre les parois de mon crâne. Au jour, enfin, mon cauchemar n'était plus qu'une violente migraine.

A sept heures, en descendant à la pharmacie,

j'ai trouvé mon aide, qui venait d'ouvrir, en train de lire un journal du matin.

— Vous ne savez pas? m'a-t-il dit. A partir de ce soir, défense de sortir de Paris... Toutes les lignes coupées... Les lettres ne partent plus pour la province... Le *Petit Journal* assure que des uhlans ont été vus près de Joinville-le-Pont.

Je m'attendais à ces nouvelles. L'hallucination de mon insomnie me laissait la conviction de n'avoir entendu et vu que des réalités. Mais je ne me soucie nullement de cette surnaturelle faculté. Je suis trop pâle aujourd'hui ; mes yeux restent cernés. Plusieurs nuits pareilles altéreraient ma constitution. Et, dans l'accablement qui succède à toute crise violente, on ne se sent plus capable de rien. Moi, je n'ai pas de temps à perdre : mon laboratoire me réclame.

La pharmacie, « ce bras droit de la médecine et de la chirurgie », comme l'appelait tout le long de son cours notre vieux professeur, ne va guère chômer pendant le siège de Paris. Cette nuit, je veux absolument dormir.

Je viens, par précaution, de verser dans mon thé quelques gouttes de laudanum.

II

La dose n'était pas assez forte. Le laudanum ne m'a procuré que quelques instants de sommeil.

Dès minuit, mon esprit s'est dégagé de l'anéantissement factice où je l'avais contraint de s'abîmer. Mes yeux n'ont pu se refermer, et les hallucinations de la veille m'ont encore fatigué jusqu'au matin.

J'ai revu les évolutions d'une multitude, l'approche d'une marée humaine. Les mêmes piétinements d'hommes et de chevaux ont bourdonné dans ma tête. Les roues grinçaient toujours, des essieux se lamentaient, les fourgons s'entrechoquaient. Mille cliquetis de ferrailles, d'innombrables froissements de baïonnettes m'ont de nouveau agacé l'oreille. Mais, le flot ayant beaucoup monté depuis vingt-quatre heures, le vacarme était plus strident. Je voyais mieux et de plus près. Le formidable serpent, surgi la veille de l'horizon, avait prodigieusement déroulé ses anneaux. Maintenant, je distinguais tout à fait les bataillons, les escadrons, le défilé interminable de l'artillerie et du train. Et, comme pour éclairer cette tumultueuse marche, des forêts entières brûlaient aux quatre coins de l'horizon. D'invisibles géants brandissaient sur le passage de ces foules des torches majestueuses, d'où s'élevaient des tourbillons de fumée rouge qui ensanglantaient la contrée. Des langues de flamme, jaillissant jusqu'au ciel, allèrent lécher les nuages. Hommes et chevaux s'agitaient dans une fournaise, dont j'entendais distinctement crépiter les étincelles. Je sentais passer sur ma joue l'haleine ardente de ces brasiers.

C'est un supplice de passer ainsi des heures à se retourner dans son lit, rêvant tout éveillé. J'ai rallumé ma lampe. Et je me suis promené quelque temps dans la chambre, en chemise et pieds nus. Trois heures sonnèrent. L'oreille et la tempe appuyées contre le globe de la pendule, j'ai longtemps écouté le battement des secondes. La fraîcheur du verre me semblait délicieuse. J'espérais que le rythme de ce balancier finirait par endormir l'irritabilité de mes nerfs. Mais ce bruit imperceptible m'est devenu lui-même insupportable. J'ai cru entendre un assourdissant et lugubre bourdon scander l'implacable symphonie qui me torture. Tout le fracas de l'avalanche qui, depuis deux jours, croule dans mon cerveau, s'était concentré dans ce globe sonore. Épouvanté, j'ai fui loin de ce gouffre de verre, où mon supplice se multipliait.

De nouveau, j'ai dû attendre le jour, pour trouver quelque apaisement dans la lassitude. La crise ayant été plus aiguë, je suis tombé dans une prostration plus complète. Le souvenir de mes tortures s'est lui-même troublé et alourdi. J'ai peine à jeter maintenant sur le papier quelques confuses réminiscences des sensations si étrangement vécues. Au lieu d'idées, j'ai comme du plomb dans le cerveau. A chaque instant mes paupières, trop lourdes, s'abattent sur mes yeux. Mais ma vue ayant été brûlée elle-même par les incendies du cauchemar, la nuit où je voudrais me plonger reste tapissée de larges taches rouges.

J'ai pourtant vaqué à mes occupations. Je suis resté une partie de la journée dans ma boutique, devant le comptoir, affaissé dans mon fauteuil. Des personnes sont venues. Pour les servir, mon élève s'empressait, ouvrant les vitrines, fouillant dans les tiroirs, lisant les étiquettes, sortant des étagères les bocaux de porcelaine. Il m'a fallu l'aider à déchiffrer certaines ordonnances. Puis, les clients s'adressant à moi pour payer, j'énonçais machinalement des prix, j'encaissais, je rendais la monnaie.

Un cas exceptionnel s'est présenté. On m'a apporté une de ces formules délicates, nécessitant un dosage minutieux et la combinaison des substances les plus dangereuses. J'ai dû exécuter moi-même cette préparation, une de celles qu'en pharmacien conciencieux j'ai coutume de me réserver. Il faut que la routine soit une des forces considérables de la vie. En moi, un automate agit tout seul ; des ressorts que l'habitude a montés, se détendent à certaines heures. Au fond de mon laboratoire, où je venais de me retirer, je ne dormais ni n'étais éveillé, je n'existais pour ainsi dire plus ; pourtant mes mains inconcientes maniaient des cornues, ajustaient des éprouvettes, allumaient un fourneau, comptaient des gouttes, pesaient des infiniments petits. Puis mes jambes me ramenèrent dans le magasin, avec la redoutable potion emprisonnée dans un flacon. Mais, ici, je fus arraché à mon sommnambulisme. L'homme qui attendait le remède, s'était mis, en mon absence, à causer avec l'élève, et je reçus à mon retour la décharge électrique de cette phrase :

— A trois heures du matin, nous regardions

encore du haut de la butte Montmartre : tous ces bois brûlaient pour arrêter les Prussiens, et c'était d'un rouge...

Voilà justement ce qui m'inquiète ! Pourquoi ce parallélisme de mes hallucinations avec la réalité ?

Cependant j'aurais tort de me frapper davantage. Ces malaises singuliers ont assurément une cause accidentelle. Dans ma curiosité pathologique, j'ai eu raison de prendre ces quelques notes sur mon cas de surexcitation cérébrale; mais l'analyse de ce trouble de sensations ne doit m'arrêter plus longtemps. Je ne suis pas un esprit faible, sacrebleu ! Si l'on venait me parler de quelque miracle, je répondrais que ce prétendu corps simple, le miracle, ne se trouvant pas dans ma nomenclature, je vais apprêter mes creusets. Hier, j'aurai sans doute lu ou entendu dire quelque part qu'on incendierait plusieurs forêts, par mesure stratégique. L'intermittence de notre mémoire, l'imperfection de nos facultés, n'infirme en rien la logique absolue des causes et la génération naturelle des faits.

III

Le découragement et la lassitude me font reprendre la plume. Que n'ai-je pas tenté, depuis quelques jours, pour retrouver mon équilibre intellectuel ! A quoi ont abouti mes incroyables efforts ? Le mal inconnu dont je suis miné, n'a pas discontinué de s'étendre en moi, comme une tache d'huile. Et je ne parviens plus à m'illusionner : j'ai même perdu cette misérable consolation des malades désespérés.

Ma vie devient une accablante alternative de surexcitation et d'abattement. Je passe brusquement des exaltations les plus aiguës à des prostrations mornes. Je brûle ; puis, je me sens glacé. La vie afflue dans mon cerveau; un ouragan d'idées étranges, de rêves impossibles, tourbillonne sous mon crâne; puis ce n'est plus que le vide, la paralysie : mon sang se ralentit et mon cœur s'arrête. Mes nerfs, tout à coup tendus à outrance, se mettront à vibrer douloureusement, froissés par des chocs imaginaires ; et presque aussitôt je retomberai dans l'inertie, dans l'anéantissement. Le jour et la nuit, la veille et le sommeil ont même cessé d'imposer quelque périodicité à ces vertigineux dérèglements. Souvent, je ne sais plus si je dors, si je veille. J'en suis à me demander où finit la réalité, où commence le cauchemar. Les contours de ces deux mondes sont, pour moi, en train de se confondre. J'entendrai causer à demi-voix deux personnes, et, une minute après, j'aurai dans l'oreille les cris d'une mêlée, les vociférations furieuses de deux multitudes. Le vent fermera violemment une porte : les ondes sonores de ce choc m'apporteront aussitôt les roulements d'un tonnerre, l'ébranlement d'une canonnade. Je sors, mes yeux tombent sur une affiche ; au café j'ouvre un journal : soudain, de la phrase imprimée, surgissent des épées qui s'entrechoquent au soleil, des files d'hommes qui tombent, fauchés, et, sur la blancheur du papier, je vois grimacer des têtes coupées d'où jaillissent des ruisseaux de sang.

Moi qui, fier de ce que j'appelais « ma science », fondais quelque espoir sur les moyens

qu'elle mettait à ma disposition et que je croyais puissants ! Suis-je seulement parvenu à me composer une potion calmante de quelque efficacité ?
— *César Panafieu, pharmacien de 1re classe, ex-interne des hôpitaux, lauréat de l'Institut.*
— Quelle ironie dans ces lettres d'or qui brillent sur les glaces de ma boutique !

Je suis chimiste, pourtant. L'analyse de la matière a été l'unique passion de ma vie. Les combinaisons des corps et leurs propriétés me sont familières, je connais les effets formidables de certaines substances. S'il me prenait fantaisie de réduire à rien mon pauvre individu, de le dessécher comme un vieux citron dont on a exprimé le jus, de le liquéfier ou le volatiliser, je n'hésiterai seulement pas sur l'emploi des moyens, à l'aise au milieu de mes formules, comme un poisson dans l'eau. Eh ! bien, je n'ai rien pu sur mon malaise. Aucun des héroïques remèdes tentés n'a exercé sur moi d'influence salutaire. Au lieu d'équilibrer mon cerveau, de rétablir cette précieuse pondération de facultés qui serait la santé, je n'ai fait qu'irriter davantage mes nerfs, qu'exagérer l'effrayant flux et reflux de sensations excessives, dans lequel ma vie est misérablement ballotée.

Je ne savais rien, chaque jour me le confirme. Mais j'entrevois une triste découverte. J'ai des heures d'étrange lucidité. Dans le chaos bouillonnant de mes pensées, certains rapprochements qui seraient peut-être restés enfouis à jamais, remontent à la surface. Je m'aperçois qu'elle a une origine ancienne, cette crise, si violente que je la croyais causée par un récent accident physique. Ne suis-je pas né avec les germes de mon mal ? Tout enfant, dans la fraîcheur naïve de mes premières impressions, jusque dans les jeux brillants où je me jetais à corps perdu, éclatait déjà l'outrance de ma nature. Après de frénétiques ébats, des journées turbulentes où je me grisais de mouvement et de bruit, je retombais aussi dans d'invincibles apathies. Vint la puberté : la femme m'absorba plusieurs années, et, dans cette période, s'exaspérait singulièrement la fougue de mes sensations. Orphelin, livré de bonne heure à moi-même, j'eus de cuisantes soifs, plus larges que les pauvres flacons que je portais à mes lèvres, toujours suivies d'écœurements. Enfin voilà quatorze ans que, passionné pour une science, je lui demande cet absolu que la femme ne contient pas. Mais la science elle-même a été pour moi une débauche. Le même emportement qui me faisait jadis sortir ivre-mort d'un mauvais lieu, m'a poursuivi dans le laboratoire. Au milieu de mes fourneaux et de mes alambics, je passais encore des nuits folles. Peu d'amants ont étreint leur maîtresse comme moi le projet sublime qui m'apparaissait. N'étais-je pas tourmenté de l'idée fixe de réduire à l'*unité* les quarante et quelques corps simples actuellement connus, ou plutôt inconnus, qui ne sont que des corps composés dont l'analyse reste à faire ; de forcer, l'un après l'autre, les quarante et quelques retranchements derrière lesquels se cache le mystère : « la substance simple et universelle ». En rêvant ainsi de traquer « Dieu » et de l'atteindre, j'ai connu des exaltations effrénées, où je sentais palpiter en moi quelques parcelles de Celui que je poursuivais. Des chiffres, de simples formules algébriques, bourrées d'$\times$, et de $+$, de $-$ et d'$=$, m'ont souvent causé autant d'ivresse que de baisers. Puis, malgré tout, arrivait l'éternelle chute, le recommencement périodique de la désillusion. Plus je m'étais heurté à de hautes impossibilités, plus je m'écroulais douloureusement. Dans mon esprit, et dans mes fourneaux que je laissais également s'éteindre, il ne restait bientôt que des cendres.

Voilà le mal ! Dans ces frénétiques oscillations qui furent ma vie, je me suis usé à la longue. Tout gamin encore, en sortant de classe, je voulais courir trop fort ; à vingt ans, j'ai eu trop soif d'amour; à trente, j'ai tenté d'escalader trop haut. Je n'ai jamais su résister aux sollicitations de l'irréalisable. Aveuglé par l'intensité de mes désirs, j'ai marché au hasard, me cognant sans cesse le front, à la même muraille d'airain. Aujourd'hui, où donc en suis-je ? A quarante ans, l'âge ou le génie, maître enfin de lui, s'épanouit dans sa maturité, moi, je deviens peut-être fou.

IV

C'est que, perdu dans mes rêves, confiné dans mes recherches, j'ai vécu trop seul. L'idée fixe est une retraite dangereuse. Autrefois, les railleries de mes camarades de collège, plus tard les dédains de mes maîtresses, auraient dû m'ouvrir les yeux. Je demandais à la vie plus qu'elle ne contient. Le ridicule d'être incompris aurait dû me crier que j'étais incompréhensible.

A vingt-quatre ans, j'ai pourtant traversé une période d'apaisement. Les fièvres de mes sens s'étaient éteintes, celles de mon cerveau ne s'allumaient pas encore. Je me souviens de cette heure, courte, unique dans mon existence.

J'étais las, je me sentais vide. Des inerties invincibles me prenaient. Cessant de penser et de désirer, je me trouvai un jour disposé à accepter toute faite la vie de tout le monde. « Puisque chacun passe par certaines ornières, j'y passerai. On prend un état, on se marie : je vais me marier et prendre un état ». Estelle, — la pharmacie, — se trouvèrent simultanément devant moi.

Il faisait chaud, cet été-là. Le soir, de la rue des Écoles où je demeurais, il m'arrivait d'aller chercher quelque fraîcheur au Jardin des Plantes. Quand j'avais assez regardé l'éléphant, la girafe et les singes, je m'asseyais sur un banc et n'en bougeais plus, qu'un gardien ne vînt m'avertir qu'on fermait. Alors, en revenant par la rue Linné, à petits pas, je passais devant la pharmacie Barbin. Estelle prenait le frais, assise devant la porte, très pâle, vêtue de noir. Alourdie sous une lassitude, sa tête, ordinairement, se renversait en arrière.

Sans Estelle, je ne serais pas devenu pharmacien ; mais, sans la pharmacie, aurais-je jamais songé à épouser Estelle. La vie est faite de ces engrenages, où le hasard nous engage à notre insu. Comme les grands fleuves, notre piètre destinée sort d'une source insignifiante et, souvent, incertaine. Donc, un soir de juin, altéré, je revins sur mes pas, prendre un bock au *Grand Cambrinus*, une brasserie où je n'avais jamais mis les pieds.

Malgré les scintillements pleins de promesses de ces mots, en lettres de feu : *Ce soir, concert extraordinaire*, la salle était presque vide. Au fond, sur une estrade en planches, un baryton monotone, que personne n'écoutait. Devant une table, où s'élevait une pile de soucoupes, un individu qui allait jouer un rôle important dans ma vie, Auguste Barbin, buvait et parlait.

Les huit ou dix habitués composant le public du café-concert, avaient rapproché leurs chaises de la sienne. Plantés debout devant lui, les deux garçons, leur serviette blanche sous le bras, ne perdaient ni un de ses mots, ni un de ses gestes. Du comptoir, le patron lui donnait la réplique. Le comique le tutoyait. Familière jusqu'à fouiller elle-même dans ses poches, la chanteuse lui prenait du tabac et du papier à cigarettes.

A l'aise et chez lui, au milieu de ce petit cercle d'intimes où il passait toutes ses soirées, Barbin s'était mis en bras de chemise. Dénouée, sa cravate laissait voir un cou grêle et flétri. Ses jambes s'allongeaient sur une chaise avec désinvolture et, de temps en temps, une de ses larges pantoufles noires lui tombait du pied. Son front jaune luisait de sueur : je me souviens qu'il l'essuya avec le mouchoir de la chanteuse. Vexée, celle-ci se mit à jurer, avec un dépit où il y avait du dégoût. Pour la calmer, Barbin commanda un

bock pour elle, en se faisant craquer les doigts.
Je remarquai alors toute la malignité de son nez
mince, légèrement crochu, un peu rouge au
bout.

Il était ivre, et l'ivresse, chez Barbin, est expansive. Plus il boit, plus il parle. Un large robinet semble s'ouvrir dans son larynx, d'où la parole coule confuse, troublée mais intarissable, vous entraînant malgré vous dans les tourbillons de son bavardage. Le torrent de ses phrases emporte tout, charrie à la fois son passé et le vôtre, délaye vos affaires, les siennes et celles d'autrui, en une bourbe vaseuse, d'où l'on ne se dégage plus, où l'on finit comme lui par perdre pied. Ce soir-là, par caprice d'homme gris, à peine se fut-il aperçu de ma présence, Barbin, au désappointement de la galerie, vint s'asseoir à ma table. Sans me connaître, il me prit sur-le-champ pour confident intime, se penchant vers mon oreille, baissant la voix avec mystère, se retournant de temps en temps pour envoyer un regard défiant du côté de ses confidents habituels, ébahis. Il n'avait pourtant rien à me dire, seulement ce que lui suggéraient les fumées de la boisson. Je le laissais aller, ne l'interrompant jamais, l'écoutant à peine. Que m'importait le sens de ces paroles obscures, entrecoupées de hoquets ? Elles ne m'étaient pas une musique plus grossière, plus indifférente, que celle de ce piano dont j'entendais aussi les tapotements secs, de ces baladins que je voyais se démener à travers la fumée de ma pipe. Je crois qu'il me parlait argent, femmes, politique. Peut-être mêlait-il sa propre histoire à celle des prochaines élections. Je me souviens que, sous le décousu de ses bavardages, perçait un vieux fonds de rancune contre les hommes, les choses. Son frère, le pharmacien Barbin, venait de mourir « laissant quelque fortune, mais une fille majeure ! » Tout réussissait à « ce pauvre Guillaume » ; mais lui, Auguste, avec seulement un peu de la chance de son frère, à quoi ne fût-il parvenu ! Et il s'étendait complaisamment sur la hauteur de ses vues, sa science de la vie, la supériorité de son intelligence. Il énumérait ses convoitises, ses luttes, les occasions manquées de s'enrichir.

Certes, mon attention n'allait pas jusqu'à suivre cet ivrogne dans les méandres de ses confidences. Quelque chose, en lui, me saisissait pourtant. Moi, qui n'étais aigri que contre moi-même, je comprenais l'amertume avinée de cette voix. Les mots paraissaient l'étrangler, ne sortir que contrefaits de sa gorge trop étroite ; certaines phrases le faisaient souffrir. De temps en temps, ses énormes mains de prolétaire s'étalaient sur la table, et il les regardait en parlant. Puis, à mesure que ses paroles devenaient saccadées, je voyais ses doigts noueux s'agiter convulsifs. Un malaise inquiétant gagnait toute sa personne brusquement contractée. Ses membres se raccornissaient, sa chaise se mettait à craquer. Il se leva même, resta un moment debout : alors seulement, je m'aperçus qu'il était bossu.

Une pitié m'envahit. Sa difformité me le rendait intéressant. L'arête cassée de son nez proéminent me parut alors originale et spirituelle. J'éprouvai presque de la haine contre ces idiots qui, de temps en temps, lui faisaient signe de me quitter. Le désir de les contrecarrer me fit engager Barbin à sortir avec moi de la brasserie. Après avoir remis sa redingote, il me suivit en rajustant sa cravate.

Avec quelle minutie je me rappelle ces particularités. C'est qu'au milieu des angoisses qui me torturent, je trouve une grande douceur à oublier l'heure présente. Je me complais au milieu de ces souvenirs déjà lointains, et m'efforce de revivre ces heures, les plus calmes de ma vie.

J'accompagnai Barbin jusqu'à la porte de la pharmacie, où il demeurait avec sa nièce. Estelle, depuis la mort de son père, avait charitablement recueilli son oncle, son dernier parent. Je revins par désœuvrement au *Grand Cambri-*

nus, où je revis Barbin. Une espèce de liaison s'établit entre nous. Ce fut lui qui me proposa de gérer la pharmacie de son frère : l'ancien élève de Guillaume était incapable. La clientèle s'en allait.

Je refusai d'abord. Mes études de médecine étaient peu avancées ; il ne me restait presque rien de mon patrimoine. Je finis par accepter le gagne-pain que m'offrait le hasard.

A mon insu, Estelle m'attirait. Ce que j'éprouvais près d'elle est indéfinissable. Barbin continuait à passer son temps dans les brasseries, chez les marchands de vin. Après quelques jours employés à me mettre au courant, l'ancien élève partit. Nous restâmes seuls, elle et moi, dans un éternel tête-à-tête. La vieille pharmacie du père semblait se faire de jour en jour plus silencieuse et plus recueillie, afin de mieux servir de cadre à la mélancolie muette de la fille. Quelque chose de triste et de doux traînait sur le comptoir vermoulu, sur les antiques chaises de paille, sur le vénérable fauteuil de cuir de mon prédécesseur, se répandait contre les vitrines luisantes, montait le long des tiroirs étiquetés, allait se perdre dans les coins sombres du plafond jauni, couvert de piqûres de mouches. Ceux mêmes qui venaient prendre des remèdes subissaient, en entrant, l'influence de ce milieu solennel, ne parlaient qu'à mi-voix. Elle était là, douce et laborieuse, au milieu de cette paix. Je ne l'entendais pas venir, tant sa démarche effleurait à peine le parquet. Souvent, quand je me croyais seul, quittant mon livre des yeux, je trouvais tout à coup sa robe noire près de la porte où elle était assise. Je reprenais ma lecture, puis ne la retrouvais plus ; elle s'était retirée au fond du laboratoire. ici où j'écris ces lignes. Elle cousait sans cesse : un peu de la blancheur du linge où elle enfonçait l'aiguille, semblait avoir pâli son front mat.

Je lui dois d'avoir aimé le travail pour lui-même. Elle me révélait le calme réconfortant de l'étude, les côtés sérieux de la vie. Si elle ne fût pas morte, son influence aurait sans doute guéri mon esprit des fièvres chaudes qui le tourmentent. Il y avait quelque chose de sain, de préservateur, à respirer le même air que cette personne grave. Le soir, avec un pâle sourire, elle se retirait de bonne heure dans sa chambre. Par les belles soirées, elle s'asseyait dehors. Une fois, tout à coup, je la crus morte : sa tête pendait en arrière, la nuque contre la glace de la devanture. Le reflet du grand bocal jaune tombait en plein sur son visage, pâle comme la cire, maigre, étrangement illuminé.

Notre mariage arriva comme une conséquence naturelle. Je n'ai jamais aimé Estelle, du moins je n'ai jamais éprouvé pour elle ces entraînements inquiets, cette fièvre âcre et pleine d'angoisses dont fut tourmentée si longtemps ma jeunesse. Je ressentis seulement l'envie de ne plus quitter cet asile où, depuis un an, ma vie s'écoulait paisible. J'avais travaillé pendant cette année, suivi des cours, pris des inscriptions, passé des examens. Le jour où je fus reçu pharmacien de première classe, une question, sans que j'y eusse réfléchi d'avance, se posa d'elle-même sur ma bouche. Je demandai à Estelle si elle consentirait à devenir ma femme. Elle dit oui, sans hésitation, sans embarras, tout simplement, comme elle acceptait un de ces bouquets de violettes de deux sous que je lui apportais parfois.

Barbin, dans cette circonstance, se montra ce qu'il est : sans tact, naïvement grossier, aigri, soupçonneux. Peut-être s'imagina-t-il que je convoitais sa nièce parce qu'elle avait quelque fortune, fortune du reste bien écornée, depuis que la mort de M. Guillaume Barbin et l'insouciance d'Estelle lui avaient permis d'en tripoter l'administration. Mais dès qu'il eût compris, qu'au lieu de lui demander des comptes, je le laisserais continuer en sécurité ses douteuses spéculations, me contentant comme ressource assurée du revenu de la pharmacie, il devint tout à coup radieux, voulut même hâter le mariage.

Rien ne changea dans notre vie. Barbin continuait à passer ses jours loin de nous, ne mangeant jamais à notre table, bien que son couvert fût toujours mis. A pas lourds et chancelants, il rentrait bien avant dans la nuit, souvent vers l'aurore, et s'endormait lorsque nous nous levions. Nos journées s'écoulaient comme jadis, dans la paix et le silence. Estelle, je la sentais là, près de moi, penchée sur son aiguille qui ne s'arrêtait pas. Son pied, tout aussi léger, effleurait sans bruit le parquet. La même robe noire avait le même frôlement imperceptible et doux. Seulement, j'avais voulu rajeunir la pharmacie de M. Guillaume Barbin. Repeinte à neuf et de couleurs plus gaies, décorée et meublée à la moderne, la vieille boutique solennelle était devenue élégante. Une clarté joyeuse se précipitait par la glace d'une seule pièce de la porte agrandie, pénétrait le store vert, faisait reluire les inscriptions en lettres d'or, se répandait en filets lumineux sur un parquet de marbre, sur l'acajou des meubles, sur les porcelaines dorées des bocaux des étagères, s'épanouissait dans la laiteuse blancheur du plafond. Mais l'ombre sévère d'autrefois, la paix recueillie, l'empreinte douce et patriarcale de mon prédécesseur, je ne les avais pas complètement bannies ; elles étaient religieusement conservées dans l'arrière-boutique, dans ce laboratoire aujourd'hui ravagé par quatorze ans de chimie, mais qu'en ce temps-là j'avais rendu luxueux comme un boudoir et sévère comme un oratoire.

J'avais aussi conservé le grand bocal jaune de la devanture, rendu plus intense le bec de gaz réflecteur qui, la nuit venue, projetait cette gerbe de clarté étrange. Tout à côté, comme pendant, j'établis un grand bocal bleu. L'été revenu, Estelle passait encore des soirées tièdes assise devant la porte. Je me mettais tout près d'elle maintenant, et quand ses lassitudes la prenaient, sa tête se laissait tomber sur mes genoux comme celle d'une petite fille qui s'endort. La rue Linnée est déserte à cette heure. Il y passe à peine quelques Napolitains, de ces joueurs de harpe nombreux dans le quartier. En face de la pharmacie, à droite et à gauche, s'étendaient le grand mur de la Halle-aux-vins. Alors, me sentant seul avec cette femme fatiguée qui s'abandonnait dans mes bras, je me plaisais à la tenir plongée tour à tour dans la reverbération jaune et dans la reverbération bleue. Ces éclatantes auréoles l'inondaient d'une surnaturelle grâce, pénétraient magiquement son visage amaigri d'une expression qui déjà n'était plus de ce monde. Il me fallait bientôt détourner les yeux, ne pouvant supporter longtemps l'intensité de cet éblouissement.

Vers la fin de l'été, quand je la recevais encore dans mes bras, je ne la sentais presque plus, tant elle était devenue légère. Puis elle ne quitta plus le lit. Quand elle fut morte, je restai tout surpris de ne pas éprouver cet immense désespoir auquel je m'attendais. Mes yeux ne se mouillaient pas. Il me semblait qu'elle ne m'avait pas quitté : elle allait sortir du laboratoire ! Je reverrais sa robe noire, en me retournant.

Le soir de l'enterrement, je dînai en tête à tête avec Barbin.

— *Mon neveu*, dit-il, rien ne sera changé entre nous, n'est-ce pas ? Vous, la pharmacie, et moi, mes affaires.

Et il me raconta verbeusement ses innombrables projets, voulant faire sa fortune et la mienne, vantant son savoir-faire, sa rouerie. A chaque verre de vin sa langue se déliait de plus belle. Mais elle ? il n'y pensait déjà plus : je lui en voulais.

J'eus pourtant la faiblesse de le suivre au Grand Cambrinus. Après deux ans (je n'y avais plus remis les pieds), je revis le patron bavard, les garçons, les mêmes habitués, la chanteuse qui jurait. Barbin s'enfonça de plus en plus dans son ivresse crapuleuse, en un jour pareil, révoltante.

Les calembours du comique me navraient. Le piano, sec et faux, me donna envie de pleurer.

V

Barbin m'étonne, depuis quelques jours.

Il est vrai que cet homme aux allures inquiétantes fut de tout temps une de mes surprises ; Estelle morte, moi retombé seul dans la vie, Barbin resta le dernier être au monde dont l'existence ait continué à frôler la mienne.

Je m'étais enfoncé désespérément dans la science. Retourner aux orgies d'autrefois, leur demander l'oubli : l'idée ne m'en vint même pas. Vieilli peut-être, j'étais sûrement changé. Quelque chose d'elle me transfigurait. Un peu de sa lassitude douce et résignée me retint là où nous avions vécu ensemble. Le laboratoire surtout me captivait. J'y passais mes journées et une partie de mes nuits, sur son petit divan bleu, devant sa table à ouvrage, mes yeux errant des vitraux de la fenêtre aux arabesques veloutées du tapis, comme s'ils cherchaient quelque chose. Nul que moi, pendant quatorze ans, n'est entré dans ce sanctuaire, dont j'emporte la clef. Un bouquet placé par elle dans un vase y resta plusieurs années, à la fin vola en poussière. En sortant de là, au milieu de la nuit, il m'arrivait d'entendre, dans l'escalier, Barbin.

Nous ne nous parlions pas. Quelquefois, déjà au quatrième étage, j'introduisais ma clef dans la serrure : soudain, derrière moi, dans la profondeur de l'escalier sonore, criait la porte de la rue, ouverte et refermée avec fracas. Un pas alourdi traînait quelque temps sur les dalles du vestibule, puis des piétinements sourds et saccadés galopaient de marche en marche, se rapprochant rapidement. D'autres fois, étant moi-même au rez-de-chaussée je voyais, du seuil de mon laboratoire, vaciller la clarté du bougeoir de Barbin qui atteignait déjà les étages supérieurs. Sous la pression de sa main, la rampe ébranlée tout entière, vibrait. Son corps projetait des ombres sur les murailles. Plus il s'élevait, plus ces ombres s'allongeaient difformes. Quand il atteignait le quatrième, devenu gigantesque, son dos laissait pendre jusqu'au bas une montagne d'ombre noire, renversée.

Je passais ensuite des semaines, des mois, sans

m'apercevoir de son existence. Avait-il quitté Paris ? Dans quels hasards et à travers quelles aventures pouvaient l'avoir entraîné son esprit d'intrigue, ses instincts haineux, ses crapuleuses habitudes ?

Je ne songeais guère à me poser ces questions, emporté que j'étais alors par le torrent d'une vie nouvelle. Las de me ronger dans le vide, au fond de ce laboratoire muet comme une tombe, j'y avais entassé des livres, des fioles, des fourneaux, des alambics. J'y entretenais, nuit et jour, une flamme à volatiliser des métaux. Les mains noires, comme un forgeron, la tête chaude et rouge, j'éprouvais un fiévreux soulagement à tourmenter la matière au lieu de me tourmenter moi-même. Je caressais enfin le grand rêve scientifique de ma vie.

Estelle était bien morte : le parfum doux et pénétrant qu'elle m'avait fait respirer venait de s'évaporer. Les émanations dévorantes de mes creusets rongaient son souvenir ; comme elles avaient fané la soie bleue du divan où Estelle s'étendait, flétri les fleurs vives du tapis, décoloré les rosaces éclatantes des vitraux. Après un long assoupissement, je me réveillais secoué par les fougues d'autrefois, mais avec un nouveau monde éclos dans le cerveau. Devant les prétendues *substances simples*, devant cette longue liste d'humiliations infligées à l'analyse de la matière, quelque chose en moi se révoltait. La science, s'avouant vaincue, me paraissait lâche. Je me jetais dans de longues et minutieuses recherches, comme je me serais jeté dans une mêlée, avec fureur. Je n'avais d'ailleurs plus rien d'humain. Ma passion absorbante me transportait hors de la vie. Je m'anéantissais jusqu'à passer à l'état de simple agent physique. Devenu presque aussi inconscient que cette chaleur, cette électricité que j'employais, m'identifiant avec mes acides terribles, je n'étais plus moi-même qu'une force aveugle, nécessairement portée à mordre et à dissoudre. Puis, un choc soudain me faisait redevenir homme : j'avais revu Barbin.

Le front livide et ridé, les yeux rougis comme les miens, vieilli, aussi fiévreux que moi, d'où sortait-il ? J'ai encore présente la sensation bizarre de cet être qui, à certaines heures, m'apparaît. Au moment où je m'y attends le moins, il est là, me parle, trouble ma solitude. Éraillée et sifflante, sa voix sort par saccades brusques, de sa large bouche carrée qui semble mâcher ce qu'il dit. Ses lèvres minces découvrant à chaque instant les grosses dents qui lui restent, on croirait qu'il va mordre. Je l'écoute pourtant, il le faut ; à mon insu, cet être grossier exerce sur moi une domination. Son grand nez, tranchant, un peu tordu, me transperce : je me sens fouillé tout entier par ce bec cruel dont le bout me semble rouge d'une goutte de mon sang. Il rit, et une angoisse me pénètre. Quand il s'éloigne, j'éprouve un soulagement.

Oui, Barbin m'étonne depuis quelques jours. Lui, qui disparaissait des mois entiers, même des années, je le revois à chaque instant. Il tourne sans cesse autour de moi, fixe curieusement sur ma personne ses petits yeux ronds aux cils rares. M'imaginant d'abord qu'il voulait me demander quelque chose, de l'argent sans doute, je me suis hâté de lui en offrir, pour mettre fin à l'interrogation gênante de son regard. Pour toute réponse, il a frappé d'un geste méprisant sur son gousset qui a rendu un son métallique. Que me veut-il, et pourquoi ne parle-t-il pas ? Je me creuse l'esprit, sans découvrir aucun indice des mystérieux projets auxquels il semble m'associer. D'ailleurs, puis-je dire que je connais cet homme ? Voici seize ans qu'un hasard me l'a fait rencontrer, sa nièce a été ma femme, nos deux vies ont continué à se côtoyer, nous dormons encore sous le même toit, une simple cloison sépare nos lits : eh bien, Barbin est resté pour moi un vivant mystère. De loin en loin, du fond de la chambre noire où je m'étais enfoui, je voyais une silhouette se profiler monstrueuse sur la muraille, un froissemen désagréable venait me rappeler que je n'existais pas seul. C'était tout, je n'en demandais pas davantage.

Hier, au lieu de me verrouiller comme d'habitude dans mon laboratoire, j'avais, par mégarde laissé la clef sur la porte. Tout à coup Barbin est entré. Mon cœur a battu. Nul que moi, depuis la mort d'Estelle, n'a pénétré dans ce sanctuaire. Un sacrilège se commettait. J'aurais voulu m'élancer contre lui, le chasser. Je suis pourtant resté sur ma chaise, cloué d'horreur, muet, m'attendant à quelque chose d'imprévu et d'épouvantable.

Lui, souple et familier comme un chat, s'est avancé doucement, a fait le tour en promenant sur chaque objet un regard curieux, s'est installé sur le divan d'Estelle, puis :

— On est bien, ici, mais ça sent diablement le moisi !

Alors, à la gorge, des phrases que je ne parvins pas à prononcer, m'étouffèrent. Cette voix, retentissant dans un lieu où je n'entendais plus parler, me secoua comme un appel formidable. Mes yeux éprouvèrent une cuison douloureuse, comme si toute la poussière accumulée là depuis quatorze ans, se soulevait en tourbillons, pour m'aveugler.

Sans se douter pourtant de l'impression qu'il me produisait : — « Que peut-il bien y avoir dans toutes vos bouteilles ? » continuait Barbin. « Tiens ! celle-ci, au ventre énorme, un vrai ventre de propriétaire ?... Et celles alignées là-haut, sur cette planche, avec leur cou de cigognes... Votre capharnaüm a l'air d'une cuisine de sorcière. Avant la Révolution, les prêtres vous auraient brûlé. »

Il se tut. N'ayant rien à lui dire, je me mis à broyer des sels jaunes dans un grand mortier de porcelaine. Tout à coup, Barbin bondissant vers moi, ému lui-même :

— Feriez-vous de l'or, par hasard ?

Comme je le regardais, stupéfait, il haussa les épaules. Puis, se renversant sur le divan, les pieds plus haut que la tête :

— Tout ceci m'intéresserait énormément. Au lieu de vous claquemurer ici, en vilain sournois, vous devriez m'initier un peu... César Panafieu, ne suis-je pas votre oncle ?

VI

Que me veut donc cet homme impénétrable ? Il n'a pas envahi que mon laboratoire. Je ne parviens plus à me sentir seul. Au moment même où je cherche à me retrouver, il est là et je subis son influence. Des épouvantes me prennent. Même en écrivant ces lignes, je suis tenté de me retourner : il m'a peut-être suivi ! Sa tête va se pencher grimaçante sur mon épaule. Il nourrit sans doute quelque projet sinistre, que j'ignore, mais vers lequel je me sens poussé malgré moi. Ma vie tout entière est changée depuis quelques jours, et ma résolution la plus ferme se brise au contact du moindre de ses caprices.

Cet homme est plus fort que moi. Il veut, et il agit : je ne sais que sentir. Humilié, je me révolte inutilement. Loin de lui, je parviens à échafauder un bloc, fait de mes résistances, de mon orgueil, de ma dignité, à son approche : tout s'écroule. Et sa volonté s'asseoit aussi à l'aise sur ces ruines de moi-même, que le rustre l'était l'autre jour sur le divan d'Estelle, où il se vautrait insolemment.

Je le prenais pour un vulgaire viveur, un séducteur de maritornes, un monstrueux idiot, ne songeant qu'à faire le malin devant les comptoirs de marchands de vins ; quand je l'entrevoyais, crasseux, chancelant, plein d'eau-de-vie et de vin à seize, abruti par l'absinthe, enfiévré par quelques nuits de jeu, mes délicatesses se révoltaient. Il m'inspirait parfois de la pitié, toujours du dégoût. Aujourd'hui, il ne boit plus !

Plus de nuits au tripot, plus d'après-midi dans les bibines du quartier, à payer des tournées à un tas de farceurs qui levaient le coude et se moquaient de lui. Barbin ne quitte plus la pharmacie. Si je reste au comptoir, il s'installe près de moi et lit des journaux. Je me réfugie au laboratoire : il m'y poursuit, m'offre d'allumer mon feu et de souffler, m'accable de son intérêt, m'assassine de ses prévenances.

Il est là, difforme et chétif, se prélassant sur ce divan vénéré, où j'évite de m'asseoir moi-même. Nous sommes seuls et des envies me prennent : l'écraser tout de suite sous mes pieds comme une bête venimeuse, crever cette bosse Ma machine électrique est puissante : vais-je d'une étincelle le foudroyer? Je pourrais aussi diriger un jet bouillant d'acide sulfurique contre ce masque taché de boutons, le laver. Mais je n'en fais rien : je suis lâche.

Mort, il serait sans doute plus redoutable. Mes épouvantes se multiplieraient. La nuit, quand de mon lit j'entends craquer le sien, j'ai au moins la consolation de sentir une frêle cloison entre nous deux : rien ne nous séparerait plus, si je l'assassinais. Ne l'entendant plus dans la chambre voisine, je le croirais sans cesse dans la mienne. Mes insomnies, comme mes sommeils, deviendraient des cauchemars.

VII

Il prend, je crois, un cruel plaisir à augmenter mes épouvantes. Je ne suis donc pas assez frissonnant à son gré. A quel paroxysme d'exaltation espère-t-il me pousser ? Quand sera-t-il satisfait ? J'ai eu beau lui représenter ma fatigue et ma répugnance. Je l'ai en vain supplié d'y aller seul.

Jusqu'au dernier moment, j'ai résisté. Mes fourneaux étaient déjà allumés ! Plusieurs ordonnances pressaient ! Les pharmaciens n'étaient en tout temps que des esclaves, toujours à la disposition de la clientèle. Si j'avais osé, je l'aurais imploré à genoux.

— Il faut venir. Vous ne sortez jamais... Ça vous fera du bien.

Sa voix aigre pénétrait en moi comme un acide,

dont je sentais chaque goutte s'infiltrer peu à peu dans ma résistance, la dissoudre.

— Mais l'élève a grande envie d'y assister... Je garderai tout seul la pharmacie.

— L'élève ira de son côté : nous fermons !... Tout est suspendu, un jour comme aujourd'hui.

Calme et fort, il achevait des préparatifs. Un coup de brosse à son vêtement, pour cette occasion dégraissé ; une écharpe rouge, toute neuve, autour des reins; sur l'écharpe, un ceinturon d'où pendait un grand sabre.

— Partons vite !

Et il se coiffa d'un képi de garde national.

— Oh ! je n'y vais pas !...

Sa voix se nuança d'une pitié dédaigneuse en me répondant :

— Vous viendrez au moins jusqu'au *Grand-Cambrinus* prendre un verre.

Nous trouvâmes le patron et les garçons sur le point de fermer, affublés eux-mêmes de vareuses noires, à filets rouges et à gros boutons argentés, grotesquement étriquées. Nous bûmes debout devant le comptoir. Ils se complimentaient l'un l'autre, échangeant des poignées de main, s'appelant « citoyens ! » Le patron ne voulut pas de notre argent. Barbin rayonnant, grotesque, paya une tournée rue Cardinal-Lemoine.

Sur le pont de la Tournelle, je songeais encore

à les quitter. Barbin le devinait. Son regard, dur et pointu, me traversa. Dans l'île Saint-Louis, j'entendis sonner dix heures. De partout sortaient des hommes en pantalons noirs à larges bandes rouges. Certains portaient en outre une ample tunique, un schako très haut et luisant, des bottes, un fusil. L'air affairé, ceux-ci marchaient vite, par groupes de trois ou quatre; leurs talons sonnaient fort sur les pavés ; sur les portes, des femmes les regardaient, en souriant.

Moi, je n'avançais qu'à contre cœur. Le temps était lourd. Un gros nuage blanc, cotonneux, interceptait le soleil, comme un rideau d'où tombait une livide et accablante clarté. Mes yeux éblouis clignotaient. A chaque pas, tenté de me laissé choir, je me serais endormi là, sur le trottoir, voluptueusement.

Près de la rue Saint-Antoine, ce fut comme si j'étais secoué : une éclatante fanfare de clairons déchirait l'air, entraînant tout un bataillon au pas accéléré. Nous nous hâtâmes à leur suite, dans la direction de la Bastille. Aux clairons succédèrent des battements de tambours. Tous ces coups de baguette, dans ma poitrine, retentissaient.

Place de la Bastille, grâce à la foule, j'aurais pu m'esquiver ; mais je n'y pensais plus. Là d'autres bataillons, l'arme au pied, attendaient;

sans cesse il en débouchait, des rues adjacentes. On se sentait entraîné à leur rencontre, puis un reflux humain vous repoussait. Déjà de la poussière, des cris, des applaudissements. On me coudoyait souvent. Je suais. J'avais peine à respirer Mais quelque chose de frénétique et d'attirant commençait à me porter.

Alors le soleil, par un déchirement des nuages, apparut, inondant la place, depuis le haut de la colonne où les ailes d'or de la Liberté reluisirent, jusqu'au poudroiement des poussières blanches soulevées par les piétinements de la foule. Toutes ces têtes fourmillaient dans la clarté. Un ruissellement magique courut sur les innombrables files de baïonnettes inclinées, fit jaillir des étincelles, précipita les frémissements des tambours, rendit plus vibrantes les fanfares de clairon, arracha enfin à vingt mille poitrines un seul cri éblouissant : « Vive la République ! »

Barbin criait comme les autres. Son cou grêle se gonflait, sa face devenait rouge. Il avait dégainé par enthousiasme et, de temps en temps, brandissait son sabre nu au soleil.

Cependant, cette garde nationale qui affluait de partout, après avoir défilé devant la colonne de Juillet, prenait la direction des boulevards. Nous suivions. Mais la grande chaussée du milieu restait libre, continuellement bordée à droite et à gauche par deux interminables lignes de gardes nationaux, debout, devant leurs fusils en faisceaux. Cette double muraille humaine, de la Bastille à la Madeleine, contenait la foule, réduite à s'écouler compacte le long des maisons, comme les deux bras encaissés d'un fleuve.

Un courant m'entraînait, je m'y abandonnai. Ne me sentant même plus marcher, il me semblait glisser lentement sur l'asphalte du trottoir. Puis, dans mon vertige, je me crus tout à coup immobile. Tandis que le sol lui-même maintenant s'écoulait sous moi, le boulevard avec ses maisons, ses arbres, ses kiosques, sa chaussée vide, défilait continuellement et fuyait en arrière.

Une vive douleur me fit secouer le bras : Barbin s'y cramponnait, de peur de me perdre. Je ne pus me débarrasser de sa main osseuse.

Un galop de cheval au milieu du boulevard. Un officier apparut, penché en avant comme un jockey, s'enfonça aussitôt dans un nuage de poussière. Il revint au petit trot : son cheval suait ; ses gants blancs, ses galons d'or, luisaient au soleil.

Vers la porte Saint-Martin, ce fut une longue traînée de cliquetis, de fusils remués ; la garde nationale rompait les faisceaux et portait les armes. — « Il va venir ! » s'écriait-on. « Midi ! la revue doit commencer. »

Précédé de cinq officiers d'état-major à cheval, chamarré de broderies et de décorations, quelqu'un arriva. On le prenait pour le gouverneur. Mais Barbin : « Ce n'est qu'un amiral ! »

Enfin, boulevard Montmartre, « il » passa, au grand trot, acclamé, saluant la foule. Je ne vis que son large grand front, son crâne chauve, carré, volumineux, — plein de génie selon les uns, contenant une idée lumineuse, un secret garanti, estampillé, déposé chez qui de droit, d'où sortirait le salut de la ville investie, — et, selon d'autres, ne contenant rien... Puis ce fut une cohue. Crevant les digues qui la retenaient, la foule se ruait en avant, dans toute la largeur du boulevard.

Barbin ne me lâchait pas ; je sentais s'incruster dans mon bras ses doigts maigres. A chaque instant nous perdions pied, soulevés par les flots de ce torrent humain. Alors j'éprouvais un inexprimable malaise ; mes yeux se fermèrent.

Et ce malaise ne me venait pas de la foule, que je dépassais de toute la tête. Ma respiration restait libre ; mais c'était la torture de ce nain difforme qui, pendu à mon bras l'écrasait dans un étau. J'oubliai même la foule. Il n'y eut plus que lui et moi ! Je me sentais précipité dans une vertigineuse chute, où lui seul m'entraînait. Quand mon pied effleurait le sol, lui, encore, me faisait rebondir dix pas plus loin, avec cette effrayante élasticité. Dans l'épouvante du cauchemar, je tentais plusieurs fois de me délivrer de l'étreinte de Barbin; mais, à chaque secousse convulsive, je ne parvenais qu'à hisser jusqu'à moi ce gnome hideux, dont le souffle chaud passait alors sur mon cou.

On n'avançait plus; le courant furieux qui nous poussait naguère nous avait déposés quelque part : je rouvris les yeux.

Je me trouvais place de la Concorde. Au lieu d'un fleuve d'hommes, maintenant, un océan d'hommes. L'Obélisque semblait un mât immobile au milieu de ces vagues humaines. Une houle, partie du Corps Législatif, venait battre les colonnades des ministères, refluait en tourbillonnant. Un écrasant soleil ruisselait sur cette mer hérissée de baïonnettes. On eut dit qu'un grand vent emportait toutes ces aiguilles étincelantes et les faisait tournoyer dans la poussière. Une lourde poussière, blanchâtre, aveuglante comme une fumée, âcre comme une sueur. Mais les hautes vasques des fontaines répandaient leur pluie limpide dans une atmosphère plus pure. Colossales, les statues des Villes restaient assises, sereines dans leur blancheur, bien au-dessus de ce qui passait à leur pied. Celle de Strasbourg, sur un lit de drapeaux, reposait triomphalement, jonchée de tant d'immortelles jaunes qu'on les prenait de loin pour une éclatante draperie d'or. Plus haut encore, les maronniers du jardin des Tuileries déployaient la fête calme de leurs verdures splendidement rouillées par l'automne. Enfin, au bout des Champs-Elysées, après les grandes allées, après la foule, plus loin que les poussières et les tumultes, tout en haut, l'Arc de Triomphe s'ouvrait sur le ciel rouge — comme une gigantesque porte — digne de la gloire du soleil couchant.

Tant de magnificence avait dissipé mes mauvais rêves. Hors de moi, voulant bondir vers ces splendeurs, par une frénétique poussée je parvins à fendre la foule. Dans les Champs-Elysées, je pus enfin marcher à l'aise, délivré. Derrière moi : Barbin, mon passé, mes folles épouvantes, tout cela devant encore grouiller je ne sais où ! Et, devant moi : l'horizon large et embrasé, une espérance écarlate, cette triomphale porte qui, à mon approche, grandissait, et derrière laquelle j'allais peut-être me régénérer dans quelque mer d'or et de pourpre.

Maintenant, du pied de l'Arc-de-Triomphe, je contemplais Paris. La joie de mes yeux était infinie à embrasser cette immensité, chaudement éblouie par les derniers rayons. De là haut, la

place de la Concorde semblait toute petite.
L'Obélisque n'était plus qu'une borne insignifiante ; les statues des Villes, des points blancs ;
celle de Strasbourg, un point jaune. Lesm arronniers des Tuileries se massaient en un gros bouquet vert, après lequel commençait l'enfilade des
Palais : d'abord les Tuileries, se dressant au-dessus des arbres comme une barre d'ardoise,
— le Louvre, prolongeant à la suite ses divers
cours rectangulaires, — enfin l'Hôtel de Ville,
plus lointain, plus enchâssé dans les maisons,
plus vague. Le reste se distinguait mal. Ce n'était
qu'une infinité d'édifices confondus, une ondulation continue de toitures, un océan de pierre
dont les vagues immobilisées, des hauteurs du
Trocadéro aux Buttes Montmartre et Chaumont,
s'enfonçaient très loin, à perte de vue. La Seine
coupait en deux le tableau, par une longue et
mince échancrure, révélant les sinuosités de
son cours ; son eau verte et par endroits foncée,
s'apercevait, glissant sous les ponts, huileuse,
entraînant parfois un mince trait noir, d'où jaillissait une petite houppe de fumée. D'ailleurs,
cette vibrante coloration devenait plus calme ;
les détails s'effacèrent un à un, les lointains se
fondirent dans un vague bleuâtre. Bientôt, il n'y
eut de nettement visible, que les grandes lignes
des palais, les verdures assombries, les arches

des ponts, les petites plaques luisantes de la Seine. Le reste s'éteignait comme les derniers accords d'une symphonie, insensiblement. Tout au fond, les coupoles du Panthéon et du Val-de-Grâce n'étaient plus qu'une imperceptible ondulation de l'horizon. Noires déjà, les tours de Notre-Dame se détachaient au-dessus de la Cité, comme deux imposants promontoires. Mais le dôme des Invalides resplendissait toujours, illuminé des derniers reflets du crépuscule, semblable à un grand phare d'or.

Puis tout se délaya dans une teinte uniforme, vague, un peu bleue, où des lumières çà et là commençaient à briller. Enfin la nuit devint opaque et j'eus à mes pieds une immense étendue d'ombres criblée de points lumineux. Maintenant la place de la Concorde était un petit carré noir : à chaque voiture j'y voyais courir deux étoiles. Contre les ténèbres des Palais, la rue de Rivoli allongeait une barre lumineuse, faite des grosses lanternes de chaque arcade, qui semblaient se toucher. La Seine serpentait encore, reconnaissable au double cordon de feu égrené le long de ses rives, qu'on retrouvait parfois dans l'eau. Ces myriades de constellations à chaque instant se multipliaient. Les plus lointaines se fondaient en vapeurs nébuleuses, dont l'horizon se trouvait imperceptiblement blanchi. Et chacune de ces lueurs envoyait jusqu'à moi sa petite étincelle. Alors, une infinité d'yeux brillants me regardèrent, dans la nuit. Beaucoup scintillaient ; on eût pris leur tremblement pour des clignotements de paupières inquiètes. D'autres conservaient une impassible fixité. Peu à peu, cette persistante pluie de regards me pénétra tout entier, m'illumina moi-même. Je sentais que je n'étais plus seul. Là, devant moi, à mes pieds, un être s'étendait, énorme et vivant, et toutes les étoiles du ciel n'étaient que le pâle reflet de ses yeux. Il respirait : l'immense et lointaine rumeur montante était le souffle de sa gigantesque poitrine. Il ne dormait pas : majestueusement calme, enfoncé dans quelque grand rêve, le colosse se reposait enfin dans la conscience de sa force et de sa beauté.

Tout à coup, ce fut comme un vomissement immonde de la nuit.

Un flacre arrivait des Champs-Elysées, très vite. Je ne voyais encore que deux lanternes rouges, mais j'entendais : on riait, on chantait, et il y avait là Barbin. Toujours Barbin ! Des voix claires couvraient la sienne ? Douter de sa présence ? Déjà passait en moi le douloureux courant d'angoisse qui m'avertit de son approche. Fuir ? J'avais les jambes paralysées.

— Cherchez-le... Je connais mon Panafieu ! Vingt litres qu'il est par ici, bâillant aux étoiles !

A la lueur des lanternes, on me reconnut ; le fiacre s'arrêta. Trois femmes, ivres, parmi lesquelles une chanteuse du *Grand-Cambrinus*, se précipitèrent follement par la portière et, se tenant par la main, vinrent danser autour de moi une titubante sarabande.

— Qu'on me l'amène ! vociférait Barbin. Mes filles, apportez-moi mon neveu.

Dans l'ombre, debout sur les coussins du fiacre, monstrueusement difforme, ivre-mort, il me tendait les bras. Il venait de boire avec ces femmes, rencontrées je ne sais où. Quand on m'eut poussé dans le fiacre, une d'elles vint s'asseoir sur mes genoux, m'entoura le cou de son bras. Alors, triomphant, il s'écria :

— Va, nous ne te lâchons plus, maintenant, grand rigolo !

Nous redescendions les Champs-Elysées. D'une voix éraillée, elles entonnèrent la *Marseillaise*. Leurs hoquets les interrompaient. Lui, avait dégaîné, comme le matin : il embrassait tour à tour les hideuses filles, puis brandissait son grand sabre dans les ténèbres.

VIII

Un cercle fatal m'entoure, moi aussi; je le sens de jour en jour se resserrer. J'étouffe maintenant. L'influence de cet homme ne me laisse aucun répit. Il me tient dans une cage de fer, d'heure en heure plus étroite. Déjà je ne peux plus remuer librement mes membres, et voici que les barreaux de ma cage commencent à m'entrer dans les chairs. J'ai le sentiment de mon impuissance. A quoi bon se révolter, quand le tourmenteur est plus fort que le supplicié! Mes vaines tentatives ne feraient qu'exciter son hilarité. Et je redoute son rire impitoyable, comme l'esclave la lanière sifflante de son maître. Demain il me tiendra plus étroitement encore et toute résistance sera inutile.

J'entrevois l'avenir. Inévitablement, je deviendrai l'aveugle et passif instrument de cet homme. Quand il aura achevé d'écraser ma volonté, il m'emploiera à quelque œuvre basse, ténébreuse, qu'il ne me laisse pas pressentir. Ses projets monstrueux me révolteraient aujourd'hui. Les révéler tout de suite, m'ouvrir prématurément les yeux, me jetterait dans quelque crise salutaire, où je trouverais peut-être l'énergie de lui résister. Le jour où Barbin quittera son attitude de sphinx impitoyablement muet, gare à moi !

En attendant, il cherche évidemment à m'attirer dans ce milieu louche où sa grossière nature se complaît, et dont il n'a feint, pendant quelques jours, de s'éloigner qu'afin de m'y précipiter plus sûrement, malgré mes répugnances natives. La science, où je m'enfonçais jadis, devait le gêner, lui, incapable de la comprendre. Le jour où il vint, souple et curieux, se glisser dans mon laboratoire, ses railleries durent cacher un secret dépit, peut-être une inconsciente terreur devant cette chose ignorée et supérieure. Voilà pourquoi Barbin préfère me voir dans la débauche, à sa portée.

Ne s'est-il pas trahi, l'autre nuit, lorsqu'il n'a pu contenir sa joie de me voir poussé brutalement dans son fiacre par des femmes avinées. L'enthousiasme, les grandes idées, les choses hautes et belles, pouvant me soustraire à son influence, il espère me maîtriser plus étroitement, enchaîné dans les bras de « ses filles ».

Elles sont, toutes les trois, dignes de leur père, qui peut s'en montrer fier. Jeunes, elles ont chacune quelque chose de sa vieillesse. Presque jolies, je les trouve à chaque instant tout aussi repoussantes. Cyniques, prêtes toujours à baver l'injure, elles éprouvent pour lui une involontaire déférence. Un seul regard de ses yeux usés les arrête ou les excite, les chasse ou les retient. Leur empressement à lui obéir est tout filial. Il en est peut-être aimé : ses caresses ne les font pas toujours reculer de dégoût.

Fanny, la chanteuse, est la plus belle. Une tête de vierge italienne. Les lignes de son visage sont si purement fines qu'on les croirait rêvées par quelque grand maître. Quand elle ne parle pas, je m'oublie à la contempler. La suavité de son front, ses beaux cheveux blonds harmonieusement plantés, la vie intense de ses yeux, l'éclat velouté de sa peau blanche et rose me ravissent. Plutôt grande que petite, exquise dans ses proportions, gracieuse dans ses mouvements, plantureusement fraîche, elle m'attire tout d'abord. Si elle ne fait que sourire, j'oublie qui elle est et regrette de ne plus avoir vingt ans. Mais quelle affreuse désillusion dès qu'elle parle, de sa voix rauque de voyou. Je voudrais ne l'avoir jamais entendue. Qu'elle plaisante ou jure, qu'elle chante sur la scène ou cause, c'est le même timbre enroué, la même grossièreté repoussante. Elle ne sait rien dire sans le salir. Le plus insignifiant de ses mots pue le vice. Ses voluptueuses lèvres s'entr'ouvrent pour laisser jaillir un flot d'ordures noires. Plutôt mille fois sentir ses ongles roses me labourer le visage : sa main resterait belle, et je pourrais encore, en pleurant, l'embrasser. Tandis qu'à l'entendre, je trouve Fanny hideuse. Sa beauté me paraît un vain masque, qui va peut-être tomber. Une perfide et inquiétante défroque, sous laquelle je crains de voir soudain, à nu, quelque âme de boue : une âme fille de Barbin.

Péronne, la sœur de Fanny, est vieille. Plus grande, grasse, la taille mal faite, elle ne rappelle en rien sa sœur, se met avec peu de goût. Ses rares cheveux, très noirs, restent collés sur un crâne étroit, qu'ils cachent mal. Son nez mince, trop allongé, lui donne une expression de bêtise. Elle parle et marche vite, remue fréquemment la tête, les épaules et fronce les sourcils avec une brusquerie naïvement bornée. Son visage jaunâtre est taché de légères roussures, vers les tempes, impitoyablement comprimées par la main de fer qui a dû rétrécir ce front, rapetisser ce cerveau. Un peu gonflés, cernés de noir, rougis par la noce, ses yeux restent fatigués et blasés comme elle. Péronne aurait d'assez belles mains fines, blanches ; mais ses doigts, comme son nez, trop effilés, se terminent par des ongles démesurément longs, qu'elle a toujours peur de casser. Gauche, disgracieuse, elle rit d'un rire bêta. Elle n'a pas l'insolente méchanceté de sa sœur, on l'a dit bonne fille : elle n'est que sotte et bête. Péniblement prétentieuse, elle se laissera tutoyer par les garçons du *Grand Cambrinus*. Depuis que Barbin lui a donné une montre en or, elle ne se défend plus d'être sa maîtresse. Mais l'amour de cette femme me paraît une bestialité : Péronne est la femelle de Barbin.

Lucie, elle, n'a pas dix-sept ans. Grande, bien faite, quoique maigre, elle est très brune. La peau d'un jaune mat, le front petit, irrégulier, obstrué par les racines de ses épais cheveux noirs mal plantés, les lèvres rouges et épaisses, les narines relevées, elle tient de la mulâtresse et de la bohémienne. Une sauvage décision, quelque chose de têtu, d'indompté, jaillit de ses grands yeux, frémit dans ses mouvements brusques, éclate en de soudaines colères. Méridionale d'ailleurs, elle se dit née à Alger, d'une mère italienne et d'un père espagnol. J'ignore les hasards de sa vie, quel genre d'amitié ou d'intérêt la rend depuis peu l'inséparable de Fanny et de Péronne : je sais qu'elle est déjà blasée et vicieuse jusqu'à la moëlle. Sa corruption conserve pourtant une naïveté gracieuse. Cette enfant, laide et noire, fantasque et violente, serait bien plus à craindre que ses deux sœurs, si j'étais encore à l'âge où l'on craint une femme.

Voilà celles vers qui Barbin me pousse et dont il m'impose la société. Mes journées sont devenues étranges. Je me lève tard, ne m'étant jamais endormi qu'au jour. Dès que mes yeux s'ouvrent, il me semble qu'un fardeau énorme retombe sur moi, m'écrase dans mon lit. Je n'ai plus la force d'en sortir, las par avance de toutes les lassitudes qui m'attendent. Mais, si je tarde, Barbin entre sans façon, à demi-vêtu. J'avais essayé de tenir ma porte fermée à double tour. A quoi bon ? Barbin frappait : j'étais assez lâche pour lui ouvrir. Il ne me laisse pas entrer dans mon laboratoire : quelquefois, par la porte entr'ouverte, j'entrevois, en passant, mes fioles et mes fourneaux, ensevelis sous un linceuls de poussière. Nous ne faisons que traverser la pharmacie : mon élève y est installé dans le fauteuil où je m'asseyais jadis. Barbin m'entraîne à la brasserie.

Midi. Péronne joue déjà avec les garçons qui

mettent le couvert, leur poussant le coude lorsqu'ils portent des piles d'assiettes, la soupe fumante. Fanny et Lucie, elles, sont encore couchées. Il arrive que Barbin s'esquive et gravisse les quatre étages jusqu'à leur chambre, pour gratter à la porte de ces filles, regarder par le trou de la serrure. Jalouse, Péronne court à la poursuite de son amant qu'elle ramène par le bras, qu'elle secoue avec de grands cris et de grands rires, qu'elle frappe grotesquement sur la bosse. Nous nous mettons à table, avec le patron et les garçons, et le repas commence, au milieu de gravelures, toujours les mêmes, lourdement débitées sur le compte des deux retardataires. Elles arrivent enfin, calmes, souriantes, se donnant le bras, s'asseoient à côté l'une de l'autre et se mettent à manger, imperturbables.

Avant la fin du dîner, quelques habitués entrent, s'installent aux tables voisines, se mêlent à la conversation. Les garçons se lèvent les premiers, pour leur servir du café et des liqueurs, des cartes. Mais le jeu ne s'anime jamais beaucoup avant que Barbin n'y entre. Ce ne sont que des duels isolés; l'engagement ne deviendra général qu'après la répétition des artistes. Déjà le comique et le baryton, assis près du piano, ont chantonné quelques passages entre les bouffées de leur cigarette. Le pianiste n'attend plus qu'elles et s'impatiente. « Allons, mesdames ! »

Fanny et Lucie, après plusieurs haussements d'épaules, finissent par se lever, gagnent avec lenteur le fond de la salle, franchissent maussadement les trois marches en planches, comme si elles montaient à l'échafaud. Le piano commence. Alors, malgré l'habitude, chacun se rapproche, les regarde. C'est qu'il est saisissant, le contraste de ces deux jeunes filles. La beauté blanche et correcte de l'une paraît plus virginale encore, tandis que l'autre devient plus laide et plus fantasquement sauvage. On se mettrait à genoux devant la suavité de Fanny ; jaune comme du soufre, grimaçante, Lucie ferait reculer d'épouvante. On se demande quel vice a pu rapprocher ces deux créatures différentes de race et, en apparence, de sexe. Mais dès qu'elles chantent tout s'explique : au moindre couplet de leur répertoire poissard, on ne s'étonne plus du bizarre accouplement, où la plus belle devient la plus hideuse. Pendant ce temps, Péronne, assise à l'écart, reste absorbée, effilant avec une petite lime ses ongles pointus. Et Barbin, fumant son cigare, se promène de la chaise de Péronne à la scène, écoute. Un dilettante, quoi !

Le jeu succède à la répétition. Le piano se referme, les chanteuses descendent les trois marches, se précipitent vers une longue table de marbre, reculée tout au fond de la brasserie, s'emparent des meilleures places. Péronne, y est déjà. Jamais tout le monde ne parvient à se caser, les discussions commencent. D'aigres provocations sont suivies de coups. Déjà un grand tapis vert recouvre le marbre. Des cartes neuves sont décachetées circulent de mains en mains. L'argent sort des poches, s'étale sur le tapis, coule ici et là suivant les premiers caprices de la veine. Une même passion tend les regards, commence à crisper les visages, rend les doigts convulsifs, froisse les cartes défavorables. Alors seulement, Barbin jette au loin son bout de cigare et entre dans la mêlée. Sa lourde main s'abat sur le tapis couvert d'or. On s'écarte aussitôt avec respect. Je vois le même éclair illuminer les yeux. On lui laisse prendre la banque. Barbin devient le centre et l'âme de la partie. Les convoitises convergent sur son or. Toutes ces volontés luttent contre la sienne. Perd-il, les mains se tendent à la fois, avides d'accrocher leur part de ses dépouilles ; une insolente fanfare triomphale salue ironiquement sa défaite. Mais Barbin, impassible et fort, sait ne rien entendre, jusqu'au retour de la fortune. Sa haine, longtemps refoulée, déborde à son tour. Je le vois alors jouir de ces respirations haletantes, prolonger à dessein les angoisses, savourer délicieusement le désespoir des décavés.

Tout le quartier connaît « le claque-dents »; à chaque instant les joueurs deviennent plus nombreux, et les derniers arrivés se tiennent debout autour de la table. Moi, à l'écart, j'observe l'étrange spectacle. Il y a là des hommes et des femmes de tout âge et de toute condition. La passion en cheveux blancs du vieillard y coudoie celle du voyou imberbe. La fille jette sur le tapis la pièce blanche qu'elle vient de gagner ailleurs. Je reconnais certains concierges du voisinage qui ont déserté leur loge, et l'épicier du coin, le boulanger d'en face. Des garçons bouchers n'ont pas enlevé leur blouse bleue tachée de sang. Un cocher de fiacre oublie que son cheval piaffe à la station voisine, et un lieutenant de mobiles que ses hommes l'attendent dans quelque fort, à trois lieues. Enfin je vois là toute une classe d'hommes qui ne sont ni concierges, ni ouvriers, ni boutiquiers, ni soldats, ni rentiers. Le jeu, du moins, leur sert des rentes. Ils s'entendent entr'eux, s'avertissent par des regards furtifs, se poussent le coude, se lancent des coups de pieds sous la table, puis vont tenir à l'écart des colloques mystérieux. Chacun les connaît; mais l'aveuglement et la niaiserie de la passion, la complicité tacite de ceux qui n'ont plus de quoi dîner, leur fait toujours des dupes. Ces grecs de bas étage affichent eux-mêmes une impudente célébrité. Vitrac se dit, de tout Paris, celui qui « file le mieux la carte ». Venans, leur maître à tous, passe chaque jour plusieurs heures à faire sauter la coupe, entretenant son doigté comme un pianiste. Il y a encore l'Américain, le Professeur, Mon oncle, Roumier, un souteneur de filles, le Toscan, si habile « à coller des portées »; et les trois Cousins, un trio de jeunes Valaques, ne savent que « faire la poussette ». Un vieillard de quatre-vingts ans, le père Frank Roque, est sinistre : le jeu l'ayant desséché, il tousse, a déjà un pied dans la tombe; mais son interminable échine de squelette se courbe par-dessus tout le monde pour que sa tremblante main saisisse encore les cartes; ses lunettes bleues tombent parfois et deux charbons ardents luisent, au-dessus d'une immense barbe neigeuse.

Les heures passent, cependant, le jour baisse, et la passion de ces hommes croît. L'obscurité naissante favorise les filous, augmente le vacarme et la confusion. J'écoute. Une fiévreuse et navrante musique. Le tintement clair de l'argent remué, le bruit mat de l'or, les imprécations, les cris de joie, les discussions âpres et les rixes se fondent en un infernal crescendo, de temps en temps interrompu par d'anxieux points d'orgue, où restent suspendues les respirations. On allume le gaz. Et, au milieu de ces têtes grimaçantes, subitement éclairées, en face de l'acharnement froid de Barbin, j'aperçois de nouveau Fanny et Lucie se parler à l'oreille, indifférentes, étrangement belles, se tenant toujours embrassées.

Enfin le jeu s'arrête. Après plusieurs avertissements inutiles, le patron vient lui-même arracher les cartes. Les joueurs partent à regret. Nous dînons à la hâte : il est près de huit heures et le concert commencera bientôt. Au dessert, Fanny et Lucie courent s'habiller. Péronne ne tarde pas à les suivre ; mais si Barbin a gagné ce jour-là, elle lui demande une cigarette, l'attire à l'écart, lui parle à l'oreille, mystérieusement.

Cinq fois par semaine, le concert ressemble à la répétition. Pas plus de monde. On cause et l'on rit tout haut à travers le chant des artistes. Le gaz est parcimonieusement ménagé. Une demi-obscurité attriste ces heures lentes, favorise mille charges grossières. A onze heures, les portes se ferment, les joueurs restent. Le café-concert redevient tripot pour la nuit.

Mais le samedi et le dimanche soir, la brasserie regorge de spectateurs. Un public tout autre. Ouvriers de la place Maubert et de la rue Mouffetard, ils ont touché leur paye, et accourent au concert, quelques-uns avec leurs femmes. Il en vient même de l'autre côté de l'eau, du quartier Saint-Antoine : tous, plus ou moins ivres. La salle n'est qu'une longue manche étranglée, ce qui la fait paraître plus profonde. Un étroit passage, resté libre entre deux interminables rangées de tables adossées contre les murs, part de l'entrée, passe au milieu devant le comptoir, va jusqu'à la scène. Le gaz n'est plus épargné, et une lumière crue tombe sur ces hommes. En blouse grise ou bleue la plupart, quelques-uns en vareuse et en képi de garde national, ils boivent, fument.

Les uns, accoudés sur la table, contemplent stupidement leur verre à moitié plein. D'autres ont le vin tapageur et bavard ; je les vois à chaque instant se lever, gesticulant de leurs grands bras, l'œil égaré. D'autres s'endorment, le nez contre la table. Bientôt le vacarme devient assourdissant, la fumée des pipes s'épaissit. Quelque chose d'âcre et de grossier se dégage, pèse sur ces têtes chaudes, se condense dans l'atmosphère alourdie. J'éprouve un malaise indéfinissable, mon cœur se gonfle et ma vue se trouble.

Un petit orchestre, ces soirs-là, renforce le

piano insuffisant. Assis tout auprès, j'entends chaque instrument séparément, sans pouvoir apprécier l'ensemble. Voilà, sans doute, pourquoi cette musique me fait mal. De huit heures à minuit, le ronflement de la contrebasse retentit, monotone. Les violons me déchirent. Les clarinettes criardes m'agacent. Je me sens transpercé par les fioritures cruelles de la petite flûte. Chants crus, discords, accompagements épais, grincements d'archets et de cordes, finissent par griser. Toute une grosse musique aussi capiteuse que le vin à seize de ces ouvriers.

J'ai une ivresse triste. Mes yeux pleins de larmes aperçoivent une tache obscure dans toutes les lumières. Je me demande ce que je fais là, le vide de mon existence m'accable. Je voudrais fuir. Il m'arrive de me lever soudain, de me retourner vers la salle où tant de têtes s'agitent, tant de bras gesticulent dans la profondeur fumeuse d'un brouillard. Mais où donc est Barbin, naguère au comptoir, à côté du patron ? Attablé par là, il doit boire. Ne le distinguant plus, je finis par le voir partout : Barbin s'est multiplié.

Maintenant, devant moi, un monstre énorme et grouillant, aux mille bras, ricane et me raille. Ses innombrables yeux me guettent. Écrasé, je retombe sur ma chaise. Et mon regard ne se détache plus des deux chanteuses assises sur la scène. Leurs bottines roses sont à la hauteur de ma tête, accrochées par le talon au barreau de leur chaise. Décolletées très bas, en jupe jaune, courte et parsemée de paillettes qui scintillent, elles ont des maillots de danseuse. Je me perds à suivre les contours de leurs jambes. Mon regard étreint avec désespoir leurs fines chevilles, s'use à glisser contre le collant couleur chair, voudrait pénétrer les mystères de leurs jupes. Respirent-elles, je vois le gonflement rhythmé de leur corsage de satin. Et sur leur visage, contre la gorge, sur leurs épaules, je suis les moindres sinuosités du cold-cream, étendu par plaques et saupoudré de poudre de riz.

IX

Hier vendredi, pour la première fois, il n'y a pas eu concert, mais réunion publique.

Barbin en avait donné l'idée au patron du *Grand-Cambrinus*. Entrée : trois sous. On avait enlevé les tables. Grâce à de longues planches disposées sur des chaises, les places se trouvaient multipliées. Pour tribune, au milieu de la scène, une grande table, recouverte du tapis vert sur lequel on joue.

Dès huit heures, le public du samedi et du dimanche est arrivé. En quelques minutes, la profonde salle, mal éclairée encore, a été pleine et les derniers venus, ne trouvant plus à se placer, obstruaient l'entrée, debout. Autant de femmes que d'hommes, quelques enfants. Beaucoup achevaient leur souper, avec du fromage dans des papiers, mordaient de grosses tranches de pain.

Les garçons ayant complété l'éclairage, l'impatience et le tumulte augmentèrent. Accourue par un brouillard glacé, cette foule était heureuse de se sentir entassée dans une salle qui devenait chaude. Ceux qui avaient les pieds humides, battaient la semelle en cadence. On entonnait joyeusement des refrains patriotiques : — « *Mourir — pour la — patri—e !...* » Des jeunes gens criaient : — « En scène, Fanny ! Lucie, ton grand morceau ! » D'autres imitaient le chant du coq, le miaulement du chat. Courroucés de ce débordement de joie, quelques hommes barbus, aux visages exaltés, agitaient tragiquement les bras, sans parvenir à sauvegarder « la dignité du peuple. » Vers huit heures et demie, la joie devint du délire : Barbin montait à la tribune.

Je le vis longtemps se démener, remuant les lèvres. Mais une formidable explosion de cris, de huées, de sifflets, accueillait ses efforts pour parler. La foule tressaillait d'aise, comme un grand enfant qui vient de trouver un jouet grotesque. Barbin avait beau se hausser sur ses jambes courtes; sa tête dépassait à peine la tribune. Il s'efforçait de rire lui-même. Mais, à sa pâleur, je devinais ce que lui coûtait ce rire.

Le vacarme sembla décroître. Barbin espérait enfin se faire entendre. Mais d'un coin de la salle, de nouveaux lazzis jaillirent comme des fusées, rallumant soudain l'acharnement railleur. Enfin on comprit que Barbin engageait l'assemblée à élire un président. On l'acclama, lui, à l'unanimité. Aux sifflets succédaient d'ironiques applaudissements.

Personne ne se présentait pour assesseur. Barbin proposa « deux de ses amis politiques » : Vitrac et le vieux Frank Roque. Le bureau ainsi constitué, les trois hommes s'assirent, graves, s'accoudèrent sur le tapis vert. « Faites vos jeux ! » leur cria malicieusement Lucie.

Le bruit à peu près calmé, Barbin commença : — « Citoyens, nous sommes le peuple, nous avons donc le droit et le devoir de nous mêler de nos affaires. Eh bien ! Nous venons d'être vaincus à Châtillon. Grâce à qui ? A nos chefs incapables !... La République est en deuil. Le sang des républicains a inutilement coulé. Vous tous, citoyens patriotes, vous devez me comprendre : Vous allez m'approuver... » Et, secouant soudain aux yeux de la foule un grand crêpe noir, il en enroula le faisceau de drapeaux tricolores qui décorait le fond de la scène.

Ce coup de théâtre secoua l'assemblée. Quelques-uns riaient encore : la plupart furent enthousiasmés. On applaudit, cette fois chaleureusement. Puis un profond silence, dont Barbin profita avec habileté.

— « Le deuil ne suffit pas ! » cria-t-il de sa voix aigre. « Il faut venger les morts... Nous avons été trahis, comme à Wissembourg, comme à Forbach, comme à Reichshoffen, comme à Sedan. Attendez-vous à l'être encore... Le 4 septembre, on nous a grugés. Qui nous gouverne ? Des bourgeois, des avocats, des « Jules » ! Mais, pas un homme du peuple !.. Qui commande nos troupes ? Des généraux de l'Empire ».

Le jour de la grande revue n'était pas si éloigné, qu'on ne s'en souvînt ; à la tête de leurs étincelants états-majors, ces guerriers d'antichambre, ces laquais corrompus de « Badingue », ne les avait-on pas vu caracoler insolemment au soleil ? Qu'attendre d'un gouverneur cagot nommé par Napoléon III ? On ne le connaîtrait peut-être que trop tard, « ce mystérieux *plan-Trochu* ». Pourvu qu'il ne consistât pas à livrer Paris aux Prussiens, à traiter une paix honteuse, à replacer sur le trône quelque d'Orléans ou le petit Vélocipède IV. »

On ne partageait pas encore sa colère, mais on l'écoutait en souriant, on lui trouvait de l'esprit.

Quelqu'un près de moi :

— Sont-ils toujours malins, ces bossus !

Depuis trois semaines déjà, Paris était investi. Qu'avait-on fait ? continua Barbin. Comment organisait-on la garde nationale ? On se méfiait donc bien d'elle, puisqu'on l'armait de mauvais fusils à percussion, quand les magasins de l'État regorgeaient de chassepots. On lui marchandait une misérable solde de trente sous. Mais les femmes et les enfants ! Mourraient-ils de faim pendant qu'eux, prolétaires héroïques, se feraient bêtement tuer pour le compte « des lâches qui possèdent ».

Une vague inquiétude se répandit dans l'assemblée qui ne souriait plus. Certains arguments ont de surprenantes influences sur les foules. A cette menace de famine, chacun se sentait mordre aux entrailles. Des murmures interrompirent l'orateur.

Sûr désormais de tenir en laisse son auditoire et de le conduire à sa guise, Barbin s'abandonna à une âpre improvisation. Ils étaient des parias. Pendant la paix, eux, les travailleurs, les producteurs, végétaient, exploités par le capital, l'éternel ennemi, le cruel tyran, le monstre insatiable qui s'engraissait de leurs sueurs. Était-ce une vie ? Naître esclaves, s'étioler, chétifs et malingres, dans une atmosphère pernicieuse, entrer enfants dans ce bagne qu'on appelle l'atelier, pour y subir, à perpétuité le supplice d'un travail abrutissant, injuste, inutile. Et il leur rappelait ces heures de désespoir où leurs bras retombaient inertes, ces rages silencieuses où ils avaient rêvé le crime, l'impitoyable avarice des patrons, leurs maladies, la Morgue et la fosse commune, la prostitution où glissaient leurs filles. Dire pourtant qu'au-dessus d'eux, à l'air pur, au grand soleil, s'étalait une autre caste, presque une autre race, aux mains pâles et lisses comme celles des courtisanes. A ceux-là, le bien-être et les facilités de la fortune, les douceurs de la vie. D'autres suaient pour eux : les privilégiés n'avaient qu'à jouir. Heureusement, de loin en loin, les imprécations sourdes d'en bas, des bruits de chaînes remuées, troublaient la digestion des parasites.

Le souffle de Barbin faisait vaciller la flamme de deux bougies placées sur la tribune. Il suait. La parole ne sortait pas facile de ses lèvres. Il restait à court à la fin d'une phrase, attendait un mot qui ne venait pas, s'appesantissait sur la même idée. Aux disgracieuses contractions de cette face, on eût dit qu'une main convulsive lui étranglait la gorge. Pourtant tous ces ouvriers, qui ne connaissent pas Barbin, buvaient avidement cette éloquence haineuse. Seules,

Fanny, Péronne et Lucie, près de moi, se poussaient du coude, se cachaient le visage dans leur mouchoir. Au milieu du religieux silence, j'entendis leurs éclats de rire étouffés.

— « Voilà votre ennemi éternel ! déclamait Barbin. Redoutable, il est partout : à la tête de nos bataillons et de nos administrations, à l'Hôtel de Ville, au Louvre, dans les forts et les mairies, les églises et les ministères. Guerre à ces Prussiens du dedans, qu'il nous faut exterminer comme les Prussiens du dehors ! Habiles, mielleux, hypocrites, ils savent, pour garotter le peuple, embrigader des prêtres et des sergents de ville. Leurs mouchards se glissent partout. Et, si vous cherchiez bien, ici même, au moment où je parle, combien n'en démasqueriez-vous pas ?... Contre tant de fourberie, il faut nous concerter. Voilà l'utilité des réunions comme celle-ci. Vous y apprendrez à connaître vos véritables amis, ceux qui seront dignes de votre confiance, lorsque l'heure viendra d'agir, de balayer le scandaleux ordre de choses. Songez-y : le moment est solennel. Entourés d'un cercle de fer, séparés du reste du monde, nous voici livrés à nous-mêmes et nos frères, les républicains du monde entier, ont les yeux sur nous. D'épouvantables épreuves nous attendent : le bombardement, la famine, la trahison... Il s'agit de recommencer les prodiges de 93 : mais qu'on nous rende alors la Convention et la Commune... »

Tout à coup, des cris perçants de femmes interrompirent l'orateur. Fanny venait de gifler Lucie. Enragée, les yeux hors de la tête, celle-ci était déjà sur Fanny qu'elle mordait furieusement au bras. Péronne, pour délivrer sa sœur, secouait en vain Lucie par le chignon et lui labourait le cou de ses longs ongles pointus. La foule, d'abord stupéfaite, couvrit bientôt de clameurs et d'insultes les rugissements des hyènes. Et les cheveux dénoués de Lucie ondulaient autour de ses épaules, se tordaient comme des reptiles noirs.

Je voulais les séparer. Mais une formidable poussée, partie du fond de la salle, se rua contre ces filles, les jeta toutes trois à la porte. Bousculé moi-même, je les suivis dans la cour. Un froid vif me saisit et j'eus un grand frisson.

Lucie venait de s'affaisser, en proie à une crise de nerfs. Fanny et Péronne la regardaient indécises, prêtes à continuer lâchement la rixe. Puis, me voyant, elles s'en allèrent, en haussant les épaules.

Je m'étais penché sur Lucie. Le reflet d'une porte vitrée l'éclairait à demi. Ses cheveux souillés avaient traîné dans une petite rigole par où les immondices de la cuisine traversaient la cour. Des sanglots lui gonflaient la gorge, et son sein palpitait. Ses bras, tordus convulsivement, se recroquevillaient comme des cordes trop nouées. Et la tête roulait çà et là sur les dalles en pierres. En la relevant, je posai le pied sur un pan de sa robe déchirée : ce fut en moi un tressaillement douloureux, comme si je la torturais moi-même.

J'eus de la peine à l'emporter jusqu'à sa chambre, au quatrième. Elle se débattait éperdument, et je craignais à chaque marche qu'elle ne me glissât entre les mains comme une anguille. Ses deux bras me serraient, si fort que j'en étais suffoqué ; puis elle parvenait à passer une jambe entre deux barreaux de la rampe. Sa joue brûlante à chaque instant touchait la mienne. Il me descendit de ses grosses larmes toutes chaudes dans le cou. Enfin, je pus la laisser tomber sur son lit.

Je n'étais jamais entré dans cette petite chambre. Des robes pendaient contre les murs. Du linge, de grandes jupes empesées, traînaient sur des malles, à terre. A travers ce fouillis, je trouvai à tâtons de la bougie : mais pas une allumette. Pourtant les convulsions de Lucie redoublaient. Elle se tordait sur le lit en grinçant des dents.

Je la tenais de nouveau, de peur que sa tête ne heurtât la muraille. A chaque secousse de ses nerfs, je sentais tout son corps se crisper dans mes bras. Elle étouffait. Je parvins à lui arracher sa robe, à casser les lacets de son corset. Je suais d'angoisse et de fatigue. Par la fenêtre ouverte, un murmure montait du fond de la cour : la réunion publique n'était pas finie, Barbin parlait encore.

Elle se calma peu à peu. Les convulsions devinrent plus rares, plus faibles. Elle finit par laisser retomber sa tête sur son bras et ne bougea plus, dans une complète prostration. De lointains applaudissements éclataient.

Elle avait froid, maintenant, et je sentais sa chair durcie comme du marbre. Ses seins devenaient rigides, sous la toile de la chemise. L'ayant déchaussée, je trouvai ses petits pieds glacés. Les prenant dans mes mains, je les appuyai contre ma poitrine, je voulus les réchauffer de mon haleine. Je me mis à frictionner violemment ces pauvres jambes d'enfant maigre. Puis je ramenai sur elle les couvertures, et, afin de la réchauffer plus vite, assis au bord du lit, je l'avais entourée de mes bras. J'aurais voulu la presser ainsi, contre moi, éternellement, — et que son souffle régulier et doux me coulât toujours sur le front, — et, en échange de la salutaire moiteur que je lui communiquais, ne jamais plus perdre sa rafraîchissante influence.

X

J'ai relu ces pages.

Un mois de mon existence se trouve là-dedans et je viens de revivre ce mois en une heure. Que de terreurs folles, de sensations étranges, de réminiscences douloureuses ! Est-ce moi qui ai vécu ainsi ? Ces cauchemars m'ont-ils vraiment épouvanté ! J'ai pu résister à tant de dégoûts et dévorer toutes ces larmes.

Comme cela se réduit d'ailleurs à peu de chose, sur le papier ! Quelques-uns de ces mots, fiévreusement tracés, contiennent pour moi des mondes. Le reste n'était que remplissage, vain bruit de la vie, verbiage de la banalité et de la lassitude. Je ne suis pas le pantin des ombres grotesques que je projette sur le mur.

Je n'ai pas tout dit: ou, plutôt, je n'ai rien dit.

Ce qui doit être oublié, le grossier de l'existence, la lie de la coupe, le gravier du fleuve, ce qui roule de lourd et de commun au fond du grand courant de tous les jours, j'ai voulu le déposer dans ces lignes. Mais je ne me rongeais ainsi moi-même que pour m'épurer. Ce qui est éternel et inexprimable, je l'ai précieusement gardé au plus profond. L'exquis se serait évaporé.

Aujourd'hui, me voici un autre homme. Je n'ai plus quarante ans ! Le savant vaincu, le rêveur désabusé, le maniaque halluciné, cessent d'être moi ! J'échappe à l'influence de Barbin ! Quelque chose de fort et de subtil s'est glissé dans mes veines. C'est comme une puberté nouvelle où je retrouve la fraîcheur et l'impétuosité du désir.

Pourquoi suis-je retourné dans la chambre de Lucie ? Elle dormait profondément, le visage contre l'oreiller, encore empaquetée des robes et des jupons que j'avais la veille amoncelés sur elle. Sa lourde chevelure s'épanouissait sur le lit comme une épaisse fleur noire. Pourquoi tremblais-je comme un assassin en me penchant vers la nuque de cet enfant ? Et que contenait donc d'énivrant cette vague odeur de pommade longtemps respirée ?

Je n'ai vu ni la nudité de sa chambre, ni la misère du grabat. Que m'importaient la vieille tapisserie sale, les vitres terreuses de la fenêtre, et la cheminée sans feu, le morceau de miroir sans tain, la commode en bois blanc, les loques fanées des rideaux rouges? Je me perdais à écouter la musique d'une respiration imperceptible. Je ne regardais que ce drap de toile grossière moulant un corps svelte.

Elle s'est éveillée. Un grand soupir a soulevé son sein, et ses yeux noirs se sont ouverts. Surprise de me voir là, un peu honteuse du souvenir d'hier, elle a d'abord, en riant, caché sa tête sous le drap. Mais la timidité dure peu chez Lucie. J'ai revu, presqu'aussitôt, sa petite tête brune. Assise sur le lit, elle se coiffait déjà et les dents du peigne grinçaient et se cassaient parfois contre ces mèches enchevêtrées, impénétrables, un peu crépues.

Une étrange fille. Ses regards tombant sur sa robe de soie noire déchirée, Lucie a bondi frémissante, s'est mise debout sur le lit, en chemise. Et retournant la robe dans tous les sens, examinant chaque pan de soie en détail, c'était à chaque accroc, à chaque souillure, un nouveau pli de son front ombrageux, et de rauques exclamations dans sa gorge. Alors je l'ai vue sauter à terre, courir pieds nus dans toute la chambre, se ruer sur ce qui appartenait là à Fanny, et tout froisser, tout déchirer avec les ongles, avec les dents, tout entasser dans une malle et pousser cette malle jusque dans l'escalier.

Une étrange fille, presque laide, mais belle dans l'emportement. Sa bestiale colère m'épouvante et je ne puis m'empêcher en même temps de l'admirer. Son visage jaune prend une teinte verdâtre ; ses yeux s'injectent de haine. Elle a alors une menaçante et superbe manière de secouer son front bas obstrué de cheveux, n'y voit plus, se jette en avant tête baissée. Son sang doit charrier quelque ferment âcre et féroce. La fougue de ce caractère provient sans doute d'une fatalité de race. Au fond, je la plains. Après tout, est-ce sa faute si le même soleil a bruni sa peau et mordu son cœur ? Elle est plus violente qu'une autre, mais plus fière.

Sa rage assouvie, Lucie, encore pâle et frémissante, s'est habillée, sans faire attention à moi. Un de ses bas était percé : elle le raccommoda. Elle passa deux petits jupons blancs, très fripés. Je la vis longtemps éponger avec une serviette imbibée ses yeux encore rougis. Puis elle mit avec résignation une vieille robe de mérinos bleu, qu'elle ne portait plus depuis longtemps. Voulant ensuite se chausser, elle trouva ses bottines crevées dans la rixe de la veille, absolument hors d'usage. Alors, désolée, la pauvre fille pleura de nouveau à chaudes larmes.

Ces larmes m'ont rempli d'une surprenante éomtion, et, sur le point de pleurer moi-même, j'ai délicieusement savouré la volupté de les essuyer. Je tenais Lucie dans mes bras. Je lui disais qu'elle ne manquerait de rien, que j'allais réparer le mal. Non seulement je lui achèterais des bottines neuves, mais une autre robe plus belle, une montre en or comme celle de Péronne, une chaîne, enfin tout ce qu'elle désirait. Et Fanny en crèverait de jalousie. Elle n'avait qu'à m'expliquer ses goûts, à me désigner la forme, l'étoffe, la couleur, ou bien à m'accompagner chez les marchands, afin de choisir elle-même. Dès qu'elle voudrait. Tout de suite.

Elle a d'abord secoué la tête avec obstination, ne voulant pas même m'entendre, comme si je ne pouvais rien sur son chagrin. Puis, elle m'a écouté avec étonnement, enfin s'est mise à rire et à sauter de joie, le visage encore inondé de larmes. Nous sommes sortis. En passant, j'ai pris à la pharmacie ce que je possédais d'argent.

Nous commençâmes par suivre les quais. La Seine coulait haute et foncée. Malgré la limpidité du ciel et un beau soleil d'automne, il faisait très froid. Des pelotons de gardes nationaux, sans armes, marquaient le pas, sur la chaussée. Tout au bord de l'eau, des tambours s'exerçaient. Et l'on entendait monter un joyeux vacarme de clairons novices apprenant à sonner la diane. Lucie marchait vite. Je serrais son petit bras passé sous le mien. Elle m'entraînait, je me sentais léger comme elle et impatient. Elle voulut en passant entrer à la Morgue. Il n'y avait pas de cadavre.

— C'est presque toujours comme ça, depuis la guerre, me dit-elle en riant. N'importe, nous reviendrons, un de ces jours...

A travers le vitrage, un rayon me sembla égayer les dalles vides, dorer jusqu'aux hideuses dépouilles de noyés, suspendues.

Rue de Rivoli, nous commençâmes les emplettes. Son pied devint méconnaissable, exhaussé de mignonnes bottes au talon pointu. Elle mania longuement du velours et de la soie, heureuse, drapant sur elle les étoffes, se regardant dans la glace, marchandant avec les commis. Puis, avant de se décider :

— N'est-ce pas trop cher, monsieur mon mari ?

La montre, « la première de ma vie », lui fit surtout plaisir. Elle l'avait placée dans sa ceinture, mais, à chaque instant, elle l'enlevait pour la regarder encore. Hélas ! il ne me restait plus de quoi lui payer aussi une chaîne.

Quelques gouttes. Des parapluies s'ouvrirent. Réfugiés sous les arcades, nous remontions toujours la rue de Rivoli. Bientôt, à travers la grille du jardin des Tuileries, nous aperçûmes beaucoup de canons, sur leurs affûts, alignés sous les arbres. De la paille, jaunie par l'humidité, recouvrait le gazon des pelouses, les chevaux étaient couchés sur cette litière. Le jour baissait. De grandes tentes blanches se terminaient en pointe, çà et là. Des sentinelles se promenaient lentement, l'arme au bras ; on voyait une ondée fine descendre continuellement sur leurs grosses capotes brunes.

La nuit. Le parc d'artillerie s'enfonça dans une ombre opaque, tandis que le gaz s'allumait aux devantures des magasins. Il ne pleuvait plus. La température s'était radoucie. Les passants, nombreux et insouciants, comme par une calme soirée d'été, flânaient avec lenteur devant les étalages, se groupant devant les bijoutiers et les marchands d'objets d'art, admirant les gravures, contemplant les photographies d'actrices dans des stéréoscopes. Lucie oubliait sa montre, et moi, je commençais peut-être à oublier Lucie. Soudain, chacun s'arrêta, secoué dans sa distraction. Un sourd tremblement venait d'ébranler le sol. On se regarda. De nouvelles détonations coup sur coup. C'était le canon, probablement celui du Mont-Valérien.

— Croyez-vous, fit-elle, que les Prussiens

donneront bientôt l'assaut ? Oh ! je voudrais assister à une bataille, ça doit être beau... Si vous entriez jamais dans la garde nationale, prenez-moi pour cantinière... Le costume m'irait joliment bien.

Je ne pensais plus au canon. Si des gens étaient assez fous pour s'entretuer, que m'importait ? Tout cela devait se passer, quelque part mais très loin, dans la nuit, dans le néant ! Elle seule était bien là, réelle et vivante. Je venais d'entendre sa voix. Lui donnant le bras, je sentais délicieusement le contact de son épaule. Ses jupes se jetaient autour de ma jambe, embarrassaient mon pas. Toute ma vie s'était concentrée autour d'elle. Pour moi, le monde finissait, maintenant, là où s'arrêtait son regard.

Elle eut faim. Dans un restaurant du Palais-Royal, nous dînâmes à une petite table. Elle craignait de manger du cheval. A chaque plat, le garçon qui nous servait, un grand mince, à favoris d'anglais, s'inclinait devant Lucie, la rassurait avec des sourires niaisement discrets. Alors elle mangeait à belles dents, sans parler, un peu vorace ; et, comme elle se penchait vers son assiette, derrière elle, dans la glace, son chignon noir s'enfonçait et se répétait infiniment. Autour de sa personne, les bruits de fourchettes et de couteaux, des piles d'assiettes remuées, faisaient un murmure doux ; les nappes blanches éblouissaient ; des étincelles tremblaient dans le cristal des carafes ; les bordures d'or des glaces reluisaient contre la tapisserie rouge : Au dessert, une cloche à fromage heurtée par elle, rendit un long frisson argentin.

Elle voulut faire un tour sur les grands boulevards. Malgré un vent humide, la foule était nombreuse. Le macadam, encore mouillé, luisait. Beaucoup de kiosques n'étaient pas éclairés et, dans les reverbères, tremblotaient de pâles lueurs. D'innombrables groupes stationnaient sur le trottoir, attendant les résultats du combat de la journée, discutant. Des marchands de journaux criaient les feuilles du soir. Lucie avait quitté mon bras. Je lui adressai plusieurs fois la parole : elle me répondait à peine. Une petite bouquetière vint lui offrir un bouquet, un navrant bouquet d'automne, maigre et flétri comme celle qui le vendait. Lucie l'accepta machinalement, sans cesser de dévisager les promeneuses qui cherchaient aventure.

Elle voulait passer sans cesse devant le café des Princes et le café de Madrid. Même elle s'avança jusqu'à la porte, regarda à travers le vitrage. Je lui proposai d'entrer : « Y pensez vous ? s'écria-t-elle. Je ne veux pas me faire remarquer... mise comme je suis !... Un autre soir je ne dis pas ».

Le retour fut triste. Il me restait trois francs ; nous prîmes un fiacre. Le cocher ricana en refermant sur nous la portière. Lucie se tenait silencieuse et pelotonnée dans son coin, pendant que le fiacre parcourait lentement la rue Montmartre. Que faisais-je donc là avec cette enfant, à côté de moi — ou à cent lieues ! Savais-je à quoi elle pensait, et tantôt, sur le trottoir, qui cherchait-elle ? Une femme, à ce qu'il m'avait semblé, Fanny. Mais demain, étais-je sûr de ne pas la voir cherchant un homme. Allons ! le cocher avait eu raison, et son insolence contenait un avertissement. On n'aime pas une Lucie. Lui payer une toilette et un bijou, l'accompagner en voiture, même baisser un moment les stores : fort bien ! Puis tout est dit.

Mais Lucie n'eût qu'à laisser tomber quelques mots nonchalants : « Je suis fatiguée, maintenant... Tiens ! si je dormais un peu... » Quand sa tête, s'abandonnant, pesa contre mon épaule, lorsqu'un peu de ses cheveux me toucha la joue, que devinrent mes chagrinantes réflexions ? L'ivresse de ce moment me revient et me trouble. J'eusse voulu sentir le fiacre s'arrêter tout à coup, afin qu'elle s'éternisât, la volupté de presser contre moi ce corps d'enfant, là, en cet étroit espace, dans l'ombre. Et que ce coffre plus obscur encore, plus resserré, s'enfonçât sous terre, se recouvrit à jamais d'oubli et de néant : alors mes délices devenaient infinies ! Avec elle j'eusse été Dieu, dans un cercueil ! Puis, à travers les glaces ternies du coupé, je m'aperçus que nous traversions déjà les ponts. Notre-Dame, haute et noire, m'apparaissait. Et nous arrivions. Lucie, dégagée de mon étreinte, se frotta les yeux pour se réveiller.

— Pas ce soir ! vient-elle de me dire. Je ne suis pas très bien depuis quelques jours, et notre longue promenade m'a harassée... Vous me trouveriez d'un maussade...

Et comme, tout triste, je lui serrais silencieusement la main, elle ajouta :

— Eh bien ! demain, je vous le promets... Là, êtes-vous content, grand enfant ?... Es-tu content ?

XI

J'ai bu et je suis ivre. La volupté est capiteuse pour mon cerveau affaibli. Je passe la main sur mon front lourd, je chancelle comme un homme gris, mes yeux se ferment et je cherche à ressaisir l'image de ce qui n'est plus, depuis quelques heures. Je voudrais revivre une à une les exaltations d'une nuit. Mais dans mon esprit, tout se confond. Trop de souvenirs impérieux m'assaillent à la fois. Je me sens vaciller comme une frêle branche sur laquelle s'abattrait un vol d'oiseaux puissants et fougueux.

Elle était ici. Ce lit est resté tiède de sa moiteur. Une vague odeur d'elle traîne encore dans cette alcôve. L'oreiller conserve l'empreinte de sa tête. Et, comme un fou, je plonge de nouveau mon visage sous les draps qui touchaient sa chair.

Les baisers acharnés dont je l'ai couverte ! Les longues étreintes où je la possédais ! La fièvre douce aux frissons exquis !

Elle s'était endormie dans mes bras, la tête tournée contre le mur. La flamme de la bougie, à travers la mousseline des rideaux, semblait s'évanouir dans un laiteux nuage. Ses longs cheveux, déroulés, se répandaient partout, nous recouvrant comme une fourrure. Je prêtais l'oreille, m'efforçant de ne pas perdre l'imperceptible murmure de sa respiration. Une voiture passa au loin, et le roulement des roues sur le pavé m'arrivait, affaibli. Alors, au fond de notre alcôve, il me sembla que je n'étais pas assez perdu avec elle, ni séparé du reste du monde, et je la tins plus étroitement embrassée. Me cachant le visage contre sa poitrine, je me laissai couler le long de son corps. Puis, les couvertures ramenées sur ma tête, je restai enfoui dans une nuit brûlante, près de son cœur qui palpitait.

. . . .
. . . .
. . . .
. . . .

Le manuscrit s'arrêtait là, du moins ce qui en a été retrouvé. Au sortir de cette idylle en plein siège, après cette heure de tendresse où, pendant que le canon détruisait et tuait, ce fou était plus sage que les sains d'esprit, il est à croire que, passant soudain à l'action, César Panafieu n'eut plus le temps d'écrire. En quelles extravagances consista son « action » ? Déposa-t-il, lui aussi, un plan chez un notaire ? Prêcha-t-il la sortie torrentielle ? Crut-il voir en Barbin un espion ? Inventa-t-il un canon électrique ? un ballon-catapulte ? un ciment pour remplacer le pain ? Avait-il, le Dix-Huit mars, une solution résolvant la question sociale ? Autant de points qui ne seront jamais éclaircis. Mais un de ses compagnons d'armes du dernier jour affirma qu' « il était devenu quelqu'un ». Sans les balles qui le trouèrent à côté de Flourens, dont il était le lieutenant de prédilection et qui « le comprenait », où ne fut-il pas arrivé ?

Novembre 1874.

JOIES D'ENFANT

MARIETTA

J'avais six ans et demi.

— Gaston, me disait-on, te voilà un petit homme... Dans six mois, tu vas avoir l'âge de raison !

Je ne comprenais guère ce que ça voulait dire : « l'âge de raison. » Aujourd'hui, pas beaucoup plus !

C'était « l'année du choléra ». Tout l'été, nous habitâmes la campagne. J'avais un petit frère, âgé de quelques semaines, mort depuis. Sa nourrice était une lourde et massive Génoise, grande, au teint ambré, de profil pur, mais au menton terriblement carré.

La peau de ses joues, rouges comme des tomates, luisait, à force d'être tendue. Elle ébranlait le parquet en marchant ; sa voix chantante, jargonnait un français farci d'italien, faisait trembler les vitres. Son derrière énorme, qu'à travers ses jupes je m'efforçais de pincer comme ça, pour jouer, oh! en toute innocence, me semblait dur comme de la brique.

Par crainte de l'épidémie, personne chez nous ne mangeait de fruits. Et il y en avait exceptionnellement cette année-là. Aussi les cochons et « la Mariette » se régalaient à qui mieux mieux. Matin et soir, elle vous avalait un melon entier, sans compter les raisins, les pastèques et les prunes. Ce que son ventre de matrone engouffrait était extraordinaire. Puis, l'après-midi, tout en donnant le sein à mon petit frère, elle allait flâner du côté du poulailler. Là, certaine que personne autre que moi ne la voyait, elle prenait vite deux ou trois œufs tout chauds sous le derrière des poules, les cassait, les aspirait, et rejetait aussitôt les deux moitiés de coquille vides.

— Ça fait *del* bien, *petilo!*

Avec cela, Marietta était dévote. Elle portait un scapulaire, des médailles bénites « *per il papa* », disait éternellement son chapelet, tombait en génuflexions à propos de rien, multipliait les signes de croix. Ça ne m'empêchait point de tourner tout le temps autour d'elle, avec la candeur et, en même temps, l'impudicité d'un petit être, pur en pensée comme mon frère au maillot, mais obéissant à la poussée précoce d'un instinct que les chaleurs sénégaliennes de cet été-là éveillaient avant l'heure.

Rien ne me rebutait. Toujours en sueur, son front de statue, étroit et mat, luisait comme un miroir ; Marietta répandait autour d'elle une odeur, forte, qui n'était ni celle du jasmin, ni celle de la violette : je trouvais cela très bon. Neuf fois sur dix, d'un revers de main brutal, la colossale Génoise m'envoyait trébucher au loin, en me criant : « *Diabolo ! vous broulerez en infero !* » Avec l'entêtement d'un jeune animal inconscient, je revenais aussitôt contre elle.

A la longue, elle finit par me tolérer autour de ses jupes. Puis, elle me prit peu à peu en affection spéciale. Maintenant, elle me laissait tenir embrassé pendant des heures son bras nu, presser sa taille, manger ses joues de baisers. Si j'avais voulu, si j'avais su plutôt, m'aurait-elle laissé aller plus loin ? Aujourd'hui, trente ans après, je n'ai pas encore résolu cet X. Mais je me rappelle comme si c'était hier, qu'un soupir de soufflet de forge soulevait parfois son opulente poitrine, et qu'elle me disait alors dans son jargon :

— *Si tou voulais, pétito, nous serions heureux comme gli angeli del Paradiso... Nous fairions nostro salouto, tous deux... Mais il foudrait prier toujours il buono Dio et la buona Madona...*

Et, me pressant à son tour avec frénésie, elle me faisait dire en même temps qu'elle son chapelet, grain à grain, ardemment.

Malgré son appétit de Gargantua et l'opulence de sa poitrine, la Marietta, paraît-il, n'avait pas beaucoup de lait. Mon petit frère dépérissait. Il était trop tard quand le médecin nous fit prendre une autre nourrice. Le malheureux petit être se rempluma pourtant un peu, mais resta maladif, et mourut quelques mois après.

Depuis, la Génoise, devenue « marchande à la poissonnerie », est revenue quatre ou cinq fois à la campagne, l'été, pour nous voir. Elle nous apporte une rondelle de thon, se fait héberger trois ou quatre jours, ne manque pas de demander des nouvelles « *del signore Gastone.* » Quand elle est repartie, il nous manque toujours des serviettes, des draps, sans compter une ou deux poules au poulailler, de malheureuses poules à qui elle a secrètement tordu le cou.

Lors de sa dernière visite, l'année après la guerre, un de nos couverts en argent disparut aussi. Cette fois, elle n'est jamais revenue.

TOINON

I

Maintenant, j'ai dix ans ; je suis un petit homme.

Je n'ai encore lu que le **Robinson Suisse** et le *Robinson Crusoé*. Mais, sans que ça me vienne par les livres, un tas d'idées s'éveillent dans mon cerveau neuf. Comme un bourgeon verni de sève en avril, ma jeune intelligence, longtemps indolente, travaille sourdement, se gonfle, éclate et pousse de tous les côtés.

Avec les petits camarades, j'échange mes plumes contre des billes. Je collectionne des noyaux d'abricot « pour faire de l'orgeat ». Mais je me livre à des réflexions au-dessus de mon âge. Entre autres, je commence à penser à la mort. Parole d'honneur !

Pas plus tard qu'hier — la veille du dixième

anniversaire de ma naissance — après le dîner, seul au jardin, je me suis promené un grand quart d'heure, les mains derrière le dos, en admirant la lune et les étoiles. « Demain, mes dix ans ! pensais-je. Et la plus longue durée de l'existence humaine, c'est un siècle. Donc, en mettant les choses au mieux, j'ai déjà vécu la dizième partie de ma vie ; il est impossible que je ne meure pas avant quatre-vingt-dix ans d'ici. Mort ! Être couché à jamais dans la terre... Brrrt ! » Je suis revenu du jardin avec un grand frisson.

Eh bien ! de même que mon regard commence à se diriger vers la porte de sortie de l'existence, je me demande aussi quelle peut être la porte d'entrée ? Même, cette seconde préoccupation m'intéresse autrement que la première. Le mot « amour » ne me dit encore rien, mais je pense déjà, nuit et jour, à la chose.

II

« Comment, diable ! se font les enfants ? » Si j'osais, je le demanderais, mais là, sérieusement, à mon père ou à ma mère, qui le savent sans doute, eux.

Quelques jours avant la naissance de mon jeune frère, voici quatre ans, je me souviens parfaitement que mon père m'annonça ainsi sa venue : « Gaston, bientôt tu auras un petit frère, tout mignon, très gentil : nous avons écrit à Paris, pour le commander. On nous l'envoie par le chemin de fer. »

Puis, la première fois qu'on m'a montré le marmot, se rappelant mal sa première explication, papa m'a dit : « Tiens ! le voici... Viens le voir !... Cette nuit, nous l'avons trouvé au fond du jardin, sous un dahlia. »

Papa se coupe, papa est un menteur. Je n'ai plus confiance en lui. Le dahlia, la commande à Paris, autant de blagues épouvantables. Et je n'entends pas qu'on me fasse poser ainsi, moi. Un petit homme, qui porte maintenant des culottes longues !

Ah ! mais non ! Que père et mère gardent leur savoir. Moi, je veux me passer d'eux, rester indépendant, faire mon instruction moi-même. Découvrons tout seul, si c'est possible, comment se font les enfants.

III

D'abord, suis-je bête ! je m'aperçois que je sais à moitié. Ce sont les femmes qui font les enfants. Après réflexion, j'en suis sûr. L'hiver dernier, la femme du conservateur des eaux et forêts, une amie de pension de ma mère, venait nous voir avec un ventre énorme. Elle soufflait, elle soufflait, en montant l'escalier, cramponnée à la rampe. A peine arrivée, ma mère s'informait tout de suite de son état; la femme du conservateur, à voix basse, donnait force détails; toutes deux, pour que je n'entende rien, chuchotaient. Tandis qu'aujourd'hui, depuis la naissance de Lili, cette dame est redevenue plate comme une planche, ingambe. Elle ne parle plus mystérieusement de sa santé. Donc, plus aucun doute ! Ce qui faisait un si gros ventre à cet échalas, c'était Lili, la mignonne Lili, fille du conservateur des eaux et forêts.

Malheureusement, si j'ai deviné que les femmes font les enfants, je ne m'en trouve pas beaucoup plus avancé. Comment les font-elles ? Voilà la vraie question, et c'est atrocement difficile à trouver.

Dire que je ne sais pas seulement à quoi l'on reconnaît si quelqu'un est homme ou femme. — Aux vêtements, oui ! Mais si l'on se trompait, la première fois qu'on habille un enfant ? Moi, par exemple, qu'on enverra un jour ou l'autre au collège, qui me dit que je ne suis pas une fille ? — Plus tard, ça peut se connaître à l'existence de la barbe, soit. Mais comment fait-on quand un enfant est encore imberbe ? — Je m'y perds.

IV

Je ne puis rester dans cette incertitude.

Il faut absolument que je me rende compte. Toinon, la fille de notre paysan, vient chaque jour aider à la maison ; elle me semble tout indiquée.

Toinon a seize ans, une belle santé, de fraîches couleurs. C'est une luronne, solidement bâtie, dont les chevilles et les attaches des poignets sont un peu fortes sans doute. Mais elle a « de la physionomie ». Tout brûlé qu'il soit par le soleil, son visage est plaisant à regarder. Le dimanche surtout, lorsque, en coiffure d'Arlésienne, elle danse avec son prétendu, au son du tambourin. Malgré le prétendu, nous sommes bons amis, elle et moi.

Je joue souvent avec elle ; je la chatouille, l'embrasse, la pince. Lave-t-elle du linge au lavoir, je m'avance par derrière à pas de loup, pour lui enfoncer tout à coup mes deux mains dans le dos : elle rit aux éclats.

Si personne ne nous voit, vite, je me baisse, en tâchant de glisser une main sous ses jupes. Elle ne se fâche jamais.

Seulement, voilà ! je n'ose monter plus haut que les mollets, l'audace me manque. Je deviens rouge comme une pivoine, ma main tremble.

Elle porte des bas de laine bleue, toute la semaine ; des bas blancs, le dimanche. Sa jarretière est agrafée au-dessus du genou. Je n'en sais pas davantage.

Et je n'en saurai jamais plus sur Toinon, qui n'a pourtant pas l'air très farouche. Mon Dieu ! Quel ennui ! surtout, de n'avoir encore que dix ans ; car, je le sens, quand j'en aurai seulement quinze, je perdrai ma timidité.

V

Tiens ! tiens ! qui aperçois-je, là-bas, au milieu du champ ? Je crois que c'est le père de Toinon, en train de sarcler ses pommes de terre.

Mais oui ! c'est Barthélemy, le papa de Toinon, un vrai dur à cuire, qui peine au grand soleil. Une idée ? Je vais aller parler à ce vieux brave, balourd et grossier, qui a fait la campagne de Russie.

Lui, ne m'intimidera pas. Et je saurai lui tirer les vers du nez. Suis-je bête de ne pas avoir pensé plus tôt à ce moyen ! Vite ! où est mon chapeau de paille ?

— Bien le bonjour, *Barthoumiou ?*

— *Moussu Gastoun*, ça va-t-il comme vous voulez ?

— Eh bien ! Et ces pommes de terre, en aurons-nous bientôt ?... C'est que je les aime, moi, les pommes de terre !

Il y en a déjà de bonnes à manger, malheureusement Barthélemy tient à m'en déterrer cinq ou six, me les fourre dans la poche.

— Toinon vous les fera cuire sous la cendre.

Je m'en moque, de ses pommes de terre. Si l'ancien soudard, cassé en deux par l'habitude de cultiver, se doutait de ce qui cuit sous mes cendres, à moi !

— Et la Russie ? mon brave Barthoumiou... Vous ne me parlez pas de l'incendie de Moscou ?

Le voilà lâché, le vieux reître. Il en quitte sa bêche et m'assomme avec le Kremlin et Rostopchine. Moi, j'ai l'air de me délecter une fois de plus à ses récits, tout en guettant l'occasion cherchée.

Soudain, au moment où il bat le briquet pour rallumer son noir brûle-gueule, je lui demande avec assurance dans son patois :

— *Digue me, Barthoumiou...* Les femmes !... Par où font-elles un enfant ?

Le grossier personnage rit d'abord, d'un rire de brute, puis me répond avec candeur :

— *Té ! Vé ! Per lou cuou, moussu Gastoun !*

Alors, je quitte le champ de pommes de terre, tout pensif, creusant la réponse de Barthélemy. Naïf, je prends à la lettre et dans un sens strict l'expression générique dont s'est servi cet homme grossier.

« Comment ! les femmes enfanteraient par le... » Ça me consterne. Ça me dégoûterait moi-même d'être venu au monde.

Je reste profondément étonné.

CLARA ET ROSINE

I

A treize ans sonnés — bientôt treize ans et demi — on est un homme. Je pense de plus en plus aux femmes.

Demi-pensionnaire au collège, je traduis déjà l'*Eneïde*, et je suis joliment ferré sur l'amour. En théorie, malheureusement. Je brûle de passer à la pratique.

Oh ! théoriquement, je sais ce qu'on doit savoir. D'abord, je lis beaucoup. Mon oncle possède une bibliothèque variée, dont, naturellement, je me suis assuré une double clef. En cachette, je puise dans le tas, et je dévore tout ce qui me tombe sous la main.

J'ai fiévreusement feuilleté des livres d'anatomie et de médecine, avec des planches en regard du texte.

La Pucelle de Voltaire, les *Contes* de Bocace et ceux de La Fontaine, *Mademoiselle de Maupin* aussi, m'ont fait passer de brûlantes heures. Je sais par cœur les *Mémoires de Casanova* et la *Philosophie dans le Boudoir*.

En dehors de cette littérature instructive et claire, peut-être trop claire, je me suis administré une large intoxication du poison romantique. Oui ! *Lara* et *Faust*, *Olympio* et *Rolla*, *Werther* et *René*, *Marion Delorme* et la *Dame aux Camélias*, m'ont profondément troublé le cœur, embrumé la cervelle.

Tantôt ardent petit satyre, aussi positif que précoce, je suis tout à la rage d'une idée fixe, d'un désir formel encore irréalisé ; puis, tout à coup, j'aurai « du vague dans l'âme ». Toute cette poésie inoculée me remonte au cœur, et je soupire en regardant les étoiles. Dans la brise embaumée qui souffle, je sens comme un appel de tendresse mystérieuse. J'interroge l'horizon avec émoi : deux beaux bras nus de maîtresse idéale ne sont-ils pas quelque part tendus vers moi ? En somme, un contraste complet. L'amusant coco, le drôle de pistolet que je dois être !

L'autre dimanche, tout en ayant l'air d'apprendre mes leçons, je lisais un roman à couverture jaune. Voilà que mon oncle, sans que je l'entende venir, tombe sur moi. Pigé !

— Malheureux ! s'écrie-t-il en me confisquant le bouquin, tu lis ce qui n'est pas de ton âge !... Tu te gâtes le cœur et l'esprit !

Le cœur et l'esprit, certes, c'est déjà quelque chose. Comment faire pour me gâter un peu le reste ?

II

A portée, je ne vois malheureusement que Clara, la jeune mais insignifiante, femme de chambre de ma tante.

Ma tante a bien une coiffeuse, Rosine. Une élégante et jolie coiffeuse, venant à la maison le jeudi et le dimanche.

Rosine vous a un chic extraordinaire de grisette. Toute la ville la connaît, pour sa gentillesse, sa spirituelle coquetterie, sa pimpante façon de s'habiller, de parler, de rire, de marcher. La faculté de droit en est amoureuse, comme le corps des officiers du 289°, colonel en tête. Employés de télégraphe et de la poste, pions du collège, rhétoriciens et philosophes, même le nouveau sous-préfet, dit-on, prononcent avec émoi son petit nom, lui font de l'œil. On ne lui connaît pourtant pas d'amant. Si elle en a un, — et ses yeux, ses yeux remplis de malicieuse langueur le feraient croire, — la fine mouche sait cacher son jeu. Malgré les dix ans qu'elle compte de plus que moi, je l'aime passionnément. Ça me tient au cœur et à la tête.

Les jeudis et dimanches, je guette à la fenêtre, pour voir arriver de loin son vivant châle rouge. Quand elle monte ou descend l'escalier, je me trouve sur son passage. Nous parlons un peu ; accoudés parfois sur la rampe, je lui serre la main, bien fort, sans oser lui dire que je l'aime.

L'autre matin, j'ai osé lui donner une énorme rose. Elle m'a laissé enfoncer la tige entre deux boutons de son corsage, puis m'a tendu la joue, quand j'ai eu l'air de vouloir l'embrasser. Quelle douceur de la tenir une seconde, de sentir sa joue veloutée contre mes lèvres ! Puis, hélas ! rien qu'à la façon dont elle m'a dit : « Au revoir », j'ai compris qu'elle ne me prend pas au sérieux.

Rosine, la coiffeuse de ma tante, ne voit en moi qu'un petit garçon. Elle doit avoir d'autres amours en tête. Qui sait ? un mariage peut-être ? J'en ai le cœur bien gros. Ah ! si j'étais grand, comme je saurais la disputer à mes rivaux. Je l'enlèverais, et nous irions vivre librement à Paris, dans le quartier Latin. Ce serait une exquise maîtresse, dont je ferais ma femme, quelque jour. Hélas ! je n'ai pas encore de poil au menton.

Dans mon désespoir, je me plonge plus que jamais dans mes lectures romantiques, où, à chaque page, je retrouve un écho de mes sombres douleurs.

Enfin, quand j'en ai jusque-là, du « mal du siècle », je monte sous les toits, dans la mansarde du repassage, où travaille Clara.

III

— Quel âge as-tu, Clara ?
— Vous le savez, monsieur Gaston... Dix-sept ans et trois mois.

Avec elle, je prends des familiarités de mauvais goût.

— Aï !... Aï !... Vous me faites mal... Je crie ?

C'est son bras nu que je viens de pincer. Un

bleu ! J'embrasse le « bleu », puis je la pince autre part.

— Finissez, monsieur Gaston... Vous m'empêchez de repasser votre chemise !... Vous allez vous brûler à mon fer... Votre tante peut monter.

Soudain, du bruit. Je m'éloigne précipitamment de Clara, j'écoute. Est-ce ma tante, qui va me surprendre au repassage ? Non, ce n'est qu'un chat en conversation amoureuse, qui vient de déplacer une tuile de la toiture, juste sur notre tête. Rassuré, je reviens sur Clara, sentant que je suis moi-même un matou.

Qu'est-ce qui m'attire vers cette fille très brune, au teint mat et bronzé, qui paraît noire à côté du linge mouillé pendu autour d'elle sur des cordes ? Avec son nez en pied de marmite, son visage manque absolument de poésie. Elle ne correspond ni à mon esthétique ni à ma littérature. D'ailleurs, c'est la coiffeuse que j'aime ! Rosine seule, rien que Rosine, m'occupe le cœur et la tête. Alors que reste-t-il pour Clara ? Pourquoi suis-je monté jusqu'ici, l'ais-je prise dans mes bras ? Depuis un grand moment, muet et sans souffle, je l'embrasse en tremblant, je la serre à l'étouffer. Quelque chose me fait tic-tac dans la poitrine. Et ce n'est pourtant pas Rosine que je mange de baisers !

Tout à coup, un nouveau bruit. Cette fois, un

pas dans l'escalier. Ma tante vient voir si ses jupons seront bien empesés ; je n'ai que le temps de me sauver par le toit, d'où je passe dans un grenier, non sans déranger à mon tour le matou, lui-même en coquetterie avec deux chattes.

IV

Enfin ! ce qui doit arriver depuis longtemps, va peut-être se passer ce soir. Je me trouve seul à la maison, avec Clara. Mon oncle et ma tante, partis ce matin pour deux jours, dans une ville voisine, à l'occasion d'un enterrement où ils n'ont pas cru devoir me conduire.

Il faut donc absolument que ce soit ce soir. Mes treize ans et demi sonnés, et les dix-sept ans et trois mois de Clara font presque trente et un ans. Si je manque cette occasion, je baisse dans ma propre estime.

Incontestablement, j'ai peur. L'après-midi s'avance. Clara est encore là-haut, dans la mansarde au repassage, seule. Je n'aurais qu'à monter ; cette fois, ni tante, ni oncle, ni personne au monde, ne viendrait nous déranger. Eh bien ! je n'ose pas. Je préfère attendre l'heure où elle descendra pour allumer les lampes et me faire à dîner.

Le jour baisse, je n'y vois presque plus, à ma table de travail. D'ailleurs, incapable d'écrire, de lire, de penser à n'importe quoi, il me prend à chaque instant un grand frisson.

Il fait complètement nuit, Clara est en retard pour descendre. Si je sonnais ? Je n'ose pas davantage. J'attends. Je suis glacé.

Mes parents reviendraient à l'improviste, maintenant, que je me sentirais soulagé d'un poids énorme.

V

La voici !

Elle a son air ordinaire. Pauvre fille ! Ne se doute-t-elle vraiment pas du tout de ce qui la menace ? Elle, la colombe ; moi, le vautour alors ! En tout cas, un vautour timide, craintif, très ému pour son début de jeune rapace.

Mais oui ! elle se doute de quelque chose. A la cuisine où je l'ai suivie sans rien dire, elle fredonne un petit air de bravoure, en frottant une allumette. Moi, arrivé derrière elle, je commence les hostilités, en soufflant sur le phosphore qui s'éteint.

— Désagréable ! taquin ! méchant ! s'écrie-t-elle... Je me fâche, si vous continuez !...

Je continue. Il n'est que six heures du soir. L'action s'engage et devient acharnée, avec des hauts et des bas pour chaque combattant, de tacites armistices et des reprises soudaines. Le champ de bataille se déplace, est tantôt la table de cuisine, le coin du fourneau, tantôt une chaise de l'antichambre, un fauteuil du salon, les marches d'un petit escalier. Huit heures, huit et demie, neuf heures : pas de résultat décisif ! Enfin, longtemps, bien longtemps après, en nage, comme un fou, j'arrive à renverser Clara sur un divan ; je remporte la victoire.

Maintenant, à onze heures du soir, la vaincue s'occupe enfin du dîner. L'un comme l'autre, nous avons une faim atroce. Je lui ai dit de nous faire des œufs brouillés. Comme je me sens fier de moi ! Je suis enfin un homme. Demain matin, je peux retourner en classe, le front haut.

En finissant par mettre le couvert, Clara vient de se pendre à mon cou. Elle m'embrasse longuement, toute rougissante, avec une confusion où il entre comme de la reconnaissance. Bien entendu, je ne la repousse pas.

Mais son gentil mouvement me fait de la peine. Est-ce ma faute à moi? Je m'aperçois, de plus en plus, que je n'aime que Rosine.

SYLVIE

I

Ma tante — une vertueuse personne, au château de laquelle, lycéen, je passe ordinairement les vacances, — est à cheval sur les principes et ne badine pas en matière de morale. Ma tante trouve que Sylvie, notre nouveau cordon bleu, « présente des garanties ».

Parbleu ! c'est l'abbé Audric qui nous l'a procurée : le jeune abbé Audric, un futur évêque qui vient chaque dimanche dire la messe à la chapelle du château.

Et l'abbé Audric, qui fait chez nous la pluie et le beau temps, a certifié en nous la donnant : « Une honnête fille... qui a de la religion... des mœurs !... Vous pouvez la prendre les yeux fermés... J'en réponds.

Nous l'avons prise les yeux fermés.

Ma tante est obligée de la réprimander du matin au soir. Sylvie ne sait rien faire, laisse brûler le rôti, manque les sauces.

Sylvie est un vrai petit souillon, qui ne récure pas les casseroles consciencieusement.

Mais, du moment que l'abbé Audric en répond, ma tante ferme les yeux sur bien des choses.

II

Moi, je les ouvre, au contraire, les yeux.

Je les ouvre d'autant plus, que j'ai déjà quinze ans sonnés, j'avance vers mes seize.

Au lycée, où je vais doubler ma seconde, chacun m'accorde quelque expérience. Je tiens, pour ma part, en profond mépris, ceux qui n'ont pas encore goûté aux mystérieuses joies. Tandis que moi...! Certes, Don Juan novice, je ne pourrais sans fanfaronnade, poser pour les *Mille e tre*. Mais enfin, le premier pas étant celui qui coûte, rien ne me coûtera plus dorénavant. Je double ma seconde, vous dis-je.

Il me vient des audaces qui m'étonnent moi-même.

Je me faufile à chaque instant à la cuisine.

Ce n'est pas que je trouve Sylvie jolie, jolie. Non, par exemple !

Campagnarde, montagnarde, un peu maigre, avec son long cou surmonté d'une tête d'oiseau, elle a un petit zézaiement. Son nez, très écarté de la mâchoire supérieure, lui donne un air naïf. Avec ça, pas blanche, comme cuite par le soleil. Et une de ces bêtises à couper au couteau, dont les profondeurs sont toujours réjouissantes à explorer.

III

Un aperçu de nos conservations innocentes :
— Sylvie !...
— Monsieur...
— Ma tante est sortie ?
— Je crois que oui... Mais elle a bien recommandé que vous n'entriez pas à la cuisine...

Moi, tâchant de la chatouiller :

— Elle n'en saura rien...

Sylvie se débattant :

— Aïe !... non... non, monsieur... Vous... me ferez gronder... Je... je... n'y tiens pas !...

Soudain, croyant entendre ma tante rentrer, je bats en retraite. Puis, remis à peine de la fausse alerte, je reviens aussitôt à la charge.

— Sylvie ?

— Monsieur...

— De quel pays êtes-vous ?

— De Cucurron, monsieur... dans la montagne... Je croyais que vous le saviez par M. l'abbé Audric...

— De Cucurron !... pas possible !... *Le vôtre...* me semble plutôt en poire...

— Oh ! non, monsieur, non ! laissez-moi.. Vous me feriez gronder... je n'y tiens pas...

Elle n'y tient pas ! Je la ferai gronder ! Toujours ces mots à la bouche. Et sans que mes affaires avancent. Cela m'impatiente à la fin.

Pendant trois jours, je fais celui qui est fâché. Ma tante a beau être sortie, je m'abstiens d'aller rôder autour du fourneau.

Mais, le quatrième jour, sans savoir pourquoi, me voilà de nouveau à la cuisine, et je remets à tout hasard l'entretien sur Cucurron.

— Sylvie ?

— Monsieur ?

— Vous aviez un bon ami, là-bas, au village ?...
Dites-moi donc la vérité ?

Sylvie ne répond d'abord rien, puis secoue négativement la tête. Comme elle est rouge ! Serait-ce la chaleur du grand feu de sarments devant lequel tourne en ce moment la broche ?

Je ne l'avais jamais vue ainsi. Ce teint animé lui va bien. Et comme c'est samedi, jour de la blanchisseuse, le tablier bleu de Sylvie, le torchon blanc avec lequel elle essuie ses assiettes, sont appétissants de propreté. Alors, c'est plus fort que moi : je lui saute au cou pour l'embrasser.

Elle ne se fâche pas. Cette fois, elle se défend mollement.

— Mais c'est vous, monsieur, qui devez en avoir... des connaissances ! s'écrie-t-elle de plus en plus rouge.

Et elle soupire :

— De belles connaissances, je le sais ! avec des mains très blanches, bien soignées... parce que ces personnes, ça ne touche à rien... avec de belles robes et des choses qui sentent bon sur le corps. Mais celles-là n'aiment pas, allez !... Elles ont le cœur dans l'état où sont mes mains... mes pauvres mains... gercées, elles, pour avoir tantôt passé les casseroles à l'eau de cuivre !

Tout rouge moi-même, gagné par son émotion, je reprends Sylvie dans mes bras. Je mange de baisers ses joues brûlantes. Elle me repousse de moins en moins. Je sens, sur mes lèvres, ses lèvres humides et frémissantes.

Hors de moi, je la serre plus fort, je veux en finir. Ici, quelle stupéfaction.

IV

Au moment psychologique, juste à la minute où, d'ordinaire, entre deux êtres que l'instinct pousse l'un vers l'autre, les prudences, les pudeurs et autres vaines considérations disparaissent, voilà que Sylvie, soudain toute pâle, se ravise et ne veut plus.

— Non !... Non !... C'est impossible !

Et elle échappe à mon étreinte, pourtant déjà bien intime, me repousse avec une énergie désespérée.

Surexcité par sa résistance inattendue, moi, j'ai beau me jeter sur elle, redoubler de passion et de transports, Sylvie me repousse encore, cette fois brutalement. J'ai même conscience que je me bute à quelque chose de solide et de résistant, à un véritable mur de granit aux fondations profondes.

— Non ! répète-elle d'une voix ferme, nette, elle qui bégaye un peu d'habitude. Je vous ai dit non, c'est non !... Dans tous les cas, pas aujourd'hui !

— Comment ? pas aujourd'hui ?

Je croyais avoir mal entendu. Nullement. Sylvie continue :

— Plus tard, peut-être... si vous voulez !... Demain, par exemple... je ne dis pas !

Ah bah ! Et pourquoi demain ? Une échappatoire, sans doute ! Non, pourtant : le son de sa voix est sincère.

— Tenez, demain soir... Attendez jusque-là... Ça va-t-il pour demain soir ?... Chose promise, chose due... Demain, je ne me ferai pas prier. Quand tout le monde sera couché, vous n'aurez qu'à venir dans ma chambre... La porte sera seulement poussée... je vous le jure... Sur les cendres de ma mère !...

Diable ! Du moment que Sylvie a recours à un pareil serment, je ne doute plus de sa véracité. Mais me voilà absolument étonné. Même, la curiosité opérant sur moi une heureuse diversion, je commence à me sentir plus calme, relativement.

V

— Sylvie ?

— Monsieur !

— M'expliqueras-tu pourquoi tu veux attendre à demain ?... Sois franche !

— Oh ! monsieur, c'est très simple... Je suis allée cet après-midi, comme je le fais chaque mois, me confesser à l'abbé Audric...

— Eh bien ?

— J'ai reçu l'absolution... Alors, vous comprenez, qu'est-ce que dirait l'abbé Audric, si, demain dimanche, en disant sa messe, il ne me voyait pas approcher de la Sainte-Table ?... Et comment pourrais-je communier, si je n'étais plus en état de grâce ?

Vaincu par cette logique, pris d'une énorme envie de rire, mais désarmé et attendri, je me résigne aisément. Je laisse Sylvie vingt-quatre heures de plus à l'abbé Audric. Puis... Chacun son tour, n'est-ce pas ?

BIANCA

I

Maintenant, j'aime Bianca, avec passion.

En rhétorique, pensionnaire au lycée, je sors chaque jeudi. D'un an plus âgé, mon condisciple Desruisseaux vient, chaque fois, me prendre chez mon correspondant. Une après-midi, en grands garçons, nous sommes entrés au fameux café-borgne de certaine ruelle, à côté du port, d'une ruelle où l'entrée de chaque maison est surmontée d'une lanterne à gros numéro.

Bianca, je la trouve dans ce café, étendue comme une malade, sur la banquette de velours usé, taché, éreinté. Elle est de Florence, a toujours froid, tousse d'une petite toux étrange comme une clochette d'argent fêlée, et fume continuellement une cigarette. Elle a dû être jolie ; son pauvre corps se fond dans sa robe de soie noire, trop ample, qu'elle a beau rétrécir ; elle continue de se décolleter, mais son adorable poitrine plate, blanche comme du lait, moite et douce à toucher, n'a plus de seins. Qu'importe ? Je l'aime ainsi.

II

Je ne vis plus que pour sortir le jeudi, et ne sors que pour courir voir Bianca. Honteux en me glissant dans la rue mal famée, marchant très vite, je baisse le nez vers les pavés et donnerais beaucoup pour ne pas me sentir ainsi en tunique de collégien. J'ai d'ailleurs inventé un certain coup de poing sur mon képi pour me donner l'air crâne d'un aspirant de marine. Avec un petit peigne de poche à miroir, je rafraîchis avant d'entrer ma coiffure et dispose en croc mes moustaches naissantes. La porte refermée derrière moi, je me sens bien. Quelquefois, Bianca n'est pas encore descendue de sa chambre, et, pendant qu'une voix éraillée et provençale de vieille l'appelle dans l'escalier, moi, je m'installe sur la banquette dans le coin accoutumé, je commande nos deux consommations, je fume. Les quatre ou cinq autres femmes me touchent la main, me demandent une cigarette, en me tutoyant par mon prénom. Puis, c'est elle : je l'embrasse longtemps sur les lèvres, des lèvres délicates, décolorées, souvent gercées par le froid. Et je la garde sur les genoux des heures entières tant elle pèse peu. Ou je m'asseois doucement à son côté, bien près, et, toute l'après-midi, c'est une longue étreinte où la frileuse se laisse réchauffer. Quelque bande de matelots en vareuse, le col replié sur leurs robustes épaules, entre toujours, stationne devant le comptoir, vidant de petits verres avec des claquements de langue, s'attable avec les filles, leur tapant brutalement sur les cuisses, riant, criant, jurant. Mais je me coule plus près d'elle, m'enroulant dans le même châle, nous faisant petits dans notre coin, parlant bas. Je lui dis de ne pas fumer, de ne plus boire, qu'elle se tue ; d'attendre que nous ayons de l'argent pour fuir ensemble, et que nous irons vivre une saison à la campagne, au bord de la mer. Elle, se prêtant volontiers à mon rêve, me répond : « Oui, tu verras, je sais nager !.. Je veux notre petite chambre bleue de ciel, avec un grand lit, dont les draps, en toile écrue, très rudes... tu sais ? comme dans les fermes... nous racleront un peu pour nous faire lever matin : alors, nous irons cueillir des fleurs, traire du lait. Et au bout de la saison, tu verras : j'aurai des couleurs !... » Mais les moindres conseils sanitaires l'exaspèrent. Elle me ferme la bouche avec un gros baiser, ou, se fâchant tout rouge commande une absinthe, crie à quelque matelot de lui jeter son cigare fumé à moitié. Vers le soir, une épaisse fumée obscurcit la salle; les tables dégouttent de boisson répandue, les filles chantent d'une voix enrouée, les matelots sont ivres. De temps en temps, il en entre de nouveaux par la porte grande ouverte, et la rue en est pleine; quelque bouteille lancée en l'air vole en éclats; à terre, de grandes mares liquides s'étendent, noires de résidus de chique. Mais Bianca, grise comme les matelots, me passe les bras autour du cou, et me chante très bas, à l'oreille, quelque chanson de son pays, jusqu'à ce que, une violente quinte de toux l'interrompant, elle me dise : « Cette fumée... je n'y tiens plus ! Montons chez moi... viens... » Enfin, là-haut, dans la misérable chambre du troisième étage, je me couche avec la poitrinaire. Alors, la maison vibrant tout entière du vacarme de la salle, et des rixes piétinant dans la rue sous la fenêtre, des coups de pied ébranlant les portes des maisons d'en face, des cris : « A l'assassin ! » perçant quelquefois les chants avinés et les hurlements lascifs, moi, au milieu de ce rut à coups de couteau de tout un quartier, je continue mon rêve et, oubliant ce que je suis venu chercher là le premier jour, je me contente souvent de la tenir pressée dans mes bras, pendant des heures. Chaque fois, en redescendant, au comptoir, je paye.

III

Desruisseaux, mon aîné d'un an, d'une famille riche, un garçon froid, d'aspect « sérieux », ayant depuis longtemps ses sorties libres, a connu Bianca avant moi. « Elle était encore jolie l'autre hiver, dit-il parfois, la belle Florentine; mais aujourd'hui, quelle planche !... » Je lui en veux de parler ainsi. Mais je lui suis reconnaissant de la délicatesse qu'il met à m'accompagner rarement dans la maison, ou, quand il y vient, à ne plus adresser la parole à Bianca. Et il me prête quelquefois de l'argent. Cet hiver, Desruisseaux a aussi sa passion. A peine hors du lycée, nous nous dirigeons bien vers le port : là, brusquement, Desruisseaux me serre la main et court au jeu. Le soir, quand nous nous retrouvons, il me montre des billets de banque. Mais, depuis quelque temps Desruisseaux, en déveine ne me montre plus rien. Alors, n'osant plus lui emprunter, les jours de sortie où je n'ai pas d'argent, je ne sais que faire et n'ai d'autre ressource que de courir les champs, promenant mon amour dans le printemps, regardant à travers les grilles des villas, cherchant celle qu'il faudrait habiter avec Bianca. Bianca aimant les fleurs, je commence à marauder des lilas et des roses. J'attends le soir; mais, malgré l'ombre tombante, il m'en coûte de traverser le quartier du port avec mes fleurs, d'entrer, de voir les regards converger vers mon bouquet. Enfin, le sourire de Bianca me dédommage de celui des autres. Mais je ne peux que l'embrasser huit ou dix fois, baiser sur baiser; et, sans avouer que je n'ai pas le sou, je repars aussitôt.

IV

Outre les fleurs, Bianca aime les odeurs fortes. Elle embaume toujours le musc, prétend que ce parfum l'aide à respirer. Au lycée, après chaque sortie, je reste des heures, le nez sur ma manche imprégnée de musc. Quand la manche ne sent plus, je tire du fond de mon pupitre un mouchoir, précieusement conservé sous des dictionnaires, plein aussi du parfum de Bianca.

Tout à coup, le dernier jeudi de mai, en arrivant dans la maison, plus de Bianca ! Subitement partie pour Toulouse, depuis trois jours. L'odeur du mouchoir est donc tout ce qui me reste d'elle, et pour en retarder l'évaporation, je plie le mouchoir dans un papier, le cachette. Et, à l'étude du soir, écrasé, feignant d'avoir la migraine et me cachant le visage dans les mains, je respire longuement le sachet. Et, l'odeur violente avivant mes souvenirs, à un moment mes yeux se mouillent.

V

Dans le café-borgne de la ruelle mal famée, on m'a donné l'adresse de Bianca, à Toulouse ; et je viens de commencer une longue lettre, Une fausse honte me la fait déchirer.

Trois semaines plus tard, un jeudi, ne sachant que devenir, je vais à tout hasard à la poste restante. Quelle joie ! L'employé me remet une petite lettre chiffonnée, griffonnée, timbre de Toulouse, Une boucle de cheveux noirs aplatie, attachée avec un fil de soie rouge, traverse, d'une tache graisseuse, papier à lettre et enveloppe. Tout cela sent encore le musc, faiblement.

Et, pendant plus d'une année, des petites lettres sans orthographe, presque illisibles, mais parfumées, m'arrivent. Je réponds tout de suite, et longuement : des six et huit pages compactes, où je tâche de vider mon cœur. Puis, mes lettres deviennent courtes ; de son côté, Bianca me répond moins vite. Enfin c'est moi, qui le premier, par négligence, cesse une fois de lui répondre, et la correspondance en reste là. Je n'entends plus parler de Bianca ; ni de Desruisseaux, bachelier, parti faire son droit à Toulouse.

Des années, des années après, je rencontre mon vieux camarade, à Paris, sur le boulevard. Nous voilà tous les deux attablés au café Riche. Au bout d'une heure de conversation :

— Et Bianca ? me dit tout à coup mon ami. Tu ne me demandes pas ce qu'elle est devenue !

— J'allais t'en parler...

— Eh bien ! elle est morte... après quatre ans de séjour à Toulouse, dont deux passés à l'hôpital... Morte poitrinaire.

Et Desruisseaux me jure ses grands dieux, qu'un jour, où il dînait avec les internes de l'hôpital, un d'eux lui a montré une blague-à-tabac « en peau humaine » tannée, faite avec de la peau de Bianca, après autopsie.

Desruisseaux raconte sérieusement ces choses. Mais je connais mon Desruisseaux, un fumiste à froid, fort capable de se livrer sans rire à des plaisanteries atrocement macabres. Ne sachant trop que penser, en proie à une impression pénible, j'appelle le garçon. « Combien ? »

Puis, Desruisseaux et moi, nous nous disons adieu, froidement.

Avril 1884.

SUR LA BUTTE

A MON VOISIN

Nous avons, vous et moi, mon cher Clovis Hugues, la joie de demeurer sur la Butte-Montmartre, un pays amusant et propice à l'observation. C'est « le village à Paris ». Dans l'enceinte des fortifications, nous y jouissons de cette liberté, de ce sans-gêne, qui font le charme des petites stations balnéaires peu fréquentées, que l'on va chercher bien loin. Du Moulin de la Galette, on assiste encore à la vie parisienne, mais de haut, supérieur. L'atmosphère est pure, sauf certaines nuits, où, selon la direction du vent, elle se trouve chargée des suspectes pestilances de je ne sais quelles fabriques suburbaines. Enfin nos rues, très diverses d'aspect, de niveau, de population, ont, chacune sa singularité propre, une « personnalité »; puis, les indigènes sont comme les rues : la liberté ambiante et un milieu typique influent sur les mœurs, les caractères. De même que les bossus ont aussi une bosse dans l'esprit, de même l'habitant de la Butte n'aime, ne souffre, ne lutte pour la vie, n'est point bon ou mauvais, avare ou prodigue, ambitieux ou jaloux, à la façon du Parisien qui passe son existence dans un entresol, rue Montmartre, ou sous les combles du Palais-Royal. — Par conséquent, depuis que mon aérostat a jeté l'ancre à côté du vôtre sur ce promontoire, vivant au grand air, me promenant beaucoup en espadrilles et en yoko, j'ai fréquenté quelques « bons types ». Et tandis que certains explorateurs vont chercher du nouveau dans l'Afrique centrale, ou au pôle Nord, j'ai voulu « voyager sur place », en m'efforçant de descendre dans certains cœurs et de surprendre leurs secrets. — Puissiez-vous donc, mon cher poète, éprouver, en lisant ces études, un peu du plaisir que j'ai à vous les dédier en souvenir de notre voisinage amical.

Mai 1889.

A QUOI RÊVENT LES VIEILLES FILLES

I

Non seulement Annette Leverdure avait toujours demeuré sur le versant nord de la Butte-Montmartre, rue Ramey ; mais, depuis sa naissance, elle en portait une sur elle, de « Butte », aussi disgracieuse que gênante, dont à coup sûr elle se serait passée. Ce qui ne l'empêchait point d'en parler, à chaque instant, avec un sourire jadis mélancolique, mais dont l'amertume s'était adoucie à la longue.

Vingt fois par jour, chez l'épicier, le fruitier, la crémière, ou chez ses concierges, quand elle s'offrait un bout de causerie dans la loge, et chez les personnes où elle allait en journées, ou sur son palier quand elle voisinait en rentrant, même dans sa petite chambre mansardée, lorsqu'elle se trouvait seule avec Mamour, son chat, et

Coco, son vieux serin chéri devenu obèse, la vieille fille, à propos de tout et de rien, faisait intervenir « ma Butte ». Le ciel se couvrait-il, par exemple, elle prédisait : « Nous allons avoir de l'eau : ma Butte m'avertit ! » Ou encore, dans un besoin subit d'effusion et de câlinerie, s'adressant au serin obèse : « Coco, mon Coco aimé, vite une bizette sur la Bubutte à mémère ! »

Or « sa Butte » consistait en une difformité terriblement apparente. Elle vous avait une joue beaucoup plus grosse que l'autre, grosse si monstrueusement, que, regardât-on Annette de face, de profil, même par derrière, il était impossible de ne pas apercevoir dépassant de quelque part, cette montagne rouge : toute une succession de contreforts, séparés par des ravins bleuâtres et aboutissant à un mamelon central, escarpé, que terminaient trois poils vivaces et têtus. Ils avaient repoussé plus drus, chaque fois qu'elle s'était décidée à les arracher.

Et non seulement ce fâcheux cadeau d'une nature marâtre, de près ou de loin, ne pouvait passer inaperçu, rompant l'harmonie des lignes et blessant douloureusement le regard, mais cette « Butte » avait dominé sa vie, pesant dès le bas âge sur Annette Leverdure, comprimant d'abord ses envies de jouer, étouffant plus tard son besoin d'aimer. Écrasée sous cette excroissance, elle n'avait eu ni enfance ni jeunesse. Gamine, son corps, de peur des railleries, ne s'était pas développé à courir au grand air, à sauter à la corde avec les autres gamines. Adolescente, son cœur pétrifié, n'avait connu ni les délicieux émois de l'instinct qui s'ignore, ni les révoltes tumultueuses, les troubles, cuisants mais non sans charmes, du tempérament comprimé. Son intelligence elle-même s'était peu développée. Enfin aujourd'hui, après une existence plate, n'ayant jamais fait que manger, boire, dormir, tirer l'aiguille mécaniquement et recommencer le lendemain, ne sachant ni lire ni écrire, avec quelques rabachages et cancans du quartier pour nourriture intellectuelle, voilà que cette plante humaine mal venue arrivait à l'âge où la femme n'est plus femme : elle qui l'avait si peu été ! Annette n'en subit pas moins les contrecoups et inconvénients d'une crise qui, équitablement, aurait dû lui passer par-dessus la tête.

II

Vers la quarantième année, cette vieille fille était devenue dévote. Une fenêtre s'ouvrait pour elle sur quelque chose de sans fond et de mystérieux. L'attrait de l'au-delà, un intérêt nouveau et passionnant remplirent tout à coup le néant de sa vie végétative.

Maintenant, chaque soir, dès qu'elle avait une heure à elle, le dimanche jusqu'à des trois fois par jour, ses jambes osseuses, mal en chair, aux articulations déjà raidies — comme si elles s'étaient rouillées à force de ne jamais trotter vers le plaisir ou la passion — se dirigeaient d'elles-mêmes vers la chapelle provisoire du Sacré-Cœur.

L'ascension lui coûtait. Bien qu'elle avançât très lentement, parfois, au milieu des hauts escaliers ou pendant la montée des pentes raides, il lui fallait s'arrêter, reprendre haleine, mais, en retournant la tête, à travers quelque palissade à claire-voie ou dans le large espace creusé à ses pieds, quelle vue ! Ce qu'on appelle « la plaine Saint-Denis », c'est-à-dire le revers de Paris, le trop plein d'une capitale, un débordement de rues, de maisons, de cheminées d'usines ; des fumées de trains en marche, invisibles derrière les constructions ; et ça pendant des lieues, jusqu'à un horizon de coteaux lointains, évanouis dans la brume.

Enfin, une fois assise dans la petite chapelle, quelle satisfaction profonde, outre le bien-être tout physique qu'elle goûtait ! Une bonne odeur spéciale, où traînaient des émanations d'encens, affaiblies. La vue des quelques cierges allumés devant le maître-autel, lui dégelait le cœur. Pourquoi son sang circulait-il mieux ? Que germait-il dans son cerveau, stérilisé par un demi-siècle de torpeur ?

Pour la première fois, elle se sentait vivre. L'ombre épaisse, la noirceur émouvante de certains recoins, au fond desquels rougeoyait la lueur de quelque lampe mystérieuse, lui faisait courir le long de l'échine un frisson nouveau. Elle à qui rien n'était jamais arrivé, elle pénétrait dans de l'inconnu, qui se changerait un jour en bonheur céleste aux éternelles délices.

Aussi, ce qui ébranlait davantage ses nerfs et noyait le plus voluptueusement son cœur, ce n'était ni la pompe des grand'messes chantées, ni le théâtral des vêpres solennelles et des bénédictions données aux sons de l'harmonium, à chapelle pleine, l'encens fumant et tous les cierges allumés. Devant ces clartés de fête, au milieu de la foule endimanchée des fidèles, elle ne savait plus où se fourrer. Voilà que la honte de sa difformité la reprenait! Tandis qu'il lui fallait l'ombre, le silence, la solitude.

Alors elle arrivait à l'aube, de préférence, dès que sonnait l'*Angelus*, avant la première messe. Ou bien tard, après les cérémonies du jour, lorsque les rangées de chaises s'alignaient vides dans la nef obscurcie. A peine quelques dévotes comme elle, çà et là, dans des coins, prosternées. Et, près de l'entrée, contre un pilier, quelque vieux pauvre, s'effaçant dans du noir, parfois endormi. Mais elle n'avait jamais été aussi éveillée, ne se lassant pas de marmoter les *Ave Maria* du Rosaire, s'exaltant à mesure que s'égrenaient les quinze dizaines, pâmée aux *ora pro nobis* des litanies.

Enfin, les genoux endoloris, elle partait la dernière, après que le bedeau était venu dire : « On ferme. » Et, les mains encore jointes, la tête basse sous sa capeline et les lèvres restées murmurantes, elle descendait d'abord la rue de la Bonne, si rapide, déserte, bordée de hauts murs de jardin que soutenaient des contreforts.

Au bas de la pente, là où « le dernier réverbère », une lanterne à huile suspendue par des cordes, éclairait faiblement, elle tournait à gauche, pour entrer dans l'étroite rue Saint-Vincent, toute noire. Loin d'avoir peur, même en passant devant la porte du petit cimetière, il lui semblait que l'ombre et la paix tutélaires de la chapelle l'enveloppaient toujours, la protégeaient contre les vivants et les morts. Son exaltation délicieuse durait encore, et elle ralentissait au contraire le pas, tant elle aimait ce chemin solitaire.

III

Une nuit d'hiver, sortie très tard de l'Adoration Perpétuelle du Saint-Sacrement, elle s'en retournait quand même par son chemin de prédilection.

Il avait plu tout le jour. Une boue épaisse assourdissait les pas, comme un moëlleux tapis. Et il faisait noir partout. Un brouillard opaque s'était levé. Le « dernier réverbère », ce soir-là ne répandait qu'une lueur jaunâtre, vacillante, tout juste de quoi faire paraître plus sombre la rue Saint-Vincent, où Annette s'engagea.

Ses galoches enfonçaient dans la boue comme dans de la ouate. Elle n'avançait qu'à tout petits pas, presque à tâtons, pour ne point se buter contre les nombreux contreforts faisant saillie au pied de la haute muraille de gauche. Toute noire, sur sa droite, la clôture en planches bordait le précipice des jardins en pente, se confondait avec le noir du ciel. La conscience en paix, l'âme légère, avec l'émotion douce de se trouver au fond de toutes ces ténèbres ! Là, au moins, elle ne se sentait plus difforme, risible. Quelle délivrance ! Quelle sécurité !

Vers le milieu de la rue Saint-Vincent, à l'endroit le plus étranglé, elle ralentissait encore le pas. Tout à coup son sang ne fit qu'un tour : un contact inattendu. Pas de doute, on la touchait. Une main la saisit, une main audacieuse, appartenant à un être qu'elle n'avait pas vu, là, dans le brouillard. Annette cria. Un mouchoir, roulé en tampon, lui fut aussitôt appuyé sur la bouche, étouffa son cri.

Elle suffoquait d'épouvante. Les jambes lui flageolaient. Et l'homme — c'en était un qui venait d'émerger du brouillard, ni petit ni grand, ni jeune ni vieux; son visage ? elle ne le distinguait même pas — n'eût besoin de la pousser très brutalement pour qu'elle tombât assise sur un tas de sable qui se trouvait là, déjà sec malgré la pluie de la journée.

L'homme était devant elle, à genoux dans le sable. Que lui voulait-il ? La tuer ? Comme ça, sans motif : un fou, peut-être. Non, la voler plutôt ! Elle se rappela qu'elle avait sur elle quarante-trois sous, sa fortune. Eh bien ! elle en faisait volontiers le sacrifice pour cet individu, sans travail sans doute, plus pauvre qu'elle.

— Attendez, monsieur, je vais vous donner ce que j'ai ! fut-elle sur le point de dire, poliment.

Elle envoyait déjà la main à la poche, lorsque une seconde poussée la renversa sur le dos.

Alors, elle comprit. Un froid subit, aux jambes, au ventre : L'homme suffoqué de désir et vautré sur elle, tressaillait en la brutalisant. Prêt à l'éventrer, il poussait des soupirs qu'on eût pris pour des sanglots.

Que faire ? Appeler ? L'inconnu lui fermait de nouveau la bouche, avec la sienne, cette fois : des lèvres enfiévrées lui écrasaient les lèvres. Un effort suprême pour se dégager ? Mais autrement vigoureux qu'elle, ayant en plus l'avantage de la position, l'homme, sans peine, la maîtrisait. Tout à coup, une cuisante douleur. Puis, elle ne sut plus bien, et passive, anéantie, ferma les yeux. Tout là-bas, aux confins de la Butte, dans la nuit, un sifflement prolongé, douloureux : quelque locomotive du chemin de fer de ceinture exhalait sa plainte de machine.

IV

Satisfait, l'homme rentra dans le brouillard, bien vite. Lorsque le bruit de ses pas précipités se fut effacé dans la nuit, Annette Leverdure put encore se traîner jusqu'à la rue Ramey. Elle sonna. Par exemple, une fois devant la loge, prise de faiblesse, elle tomba de tout son long. Relevée par la concierge, qui l'aida à remonter dans sa mansarde, elle raconta tout.

Mamour, lui, restait indifférent, et Coco, le vieux serin chéri devenu obèse, n'en approcha pas moins son bec caressant de la « Bubutte à mémère. » Dès le lendemain matin, Son Importance, monsieur le concierge, prit sur lui d'aller, « au nom de la victime, ma locataire, » porter plainte au commissariat de police.

On ne retrouva pas le coupable. Mais l'affaire fit du bruit, prit des proportions. Des journaux à un sou, à l'affût de l'actualité, parurent avec des manchettes en grosses lettres : « *Le viol de la Butte* » — « *L'horrible attentat de la rue Saint-Vincent.* » Des reporters, venus pour interroger Annette, furent reçus par le concierge, qui leur raconta le drame à sa façon. Ces messieurs, à leur tour, amplifièrent, renchérirent les uns sur les autres, dramatisèrent.

Maintenant, deux rôdeurs nocturnes au lieu d'un avaient assailli, bâillonné, volé d'abord Annette. Puis, la faisant passer par-dessus le mur bas du cimetière Saint-Vincent, les deux, à tour de rôle, avaient abusé d'elle, et « sur la pierre froide d'une tombe. » A l'aube, le gardien du cimetière l'avait trouvée là, encore ligottée, presque nue, morte de froid et de frayeur. Certains même, peu aimables pour le gardien, donnaient à entendre que celui-ci, de sa fenêtre, avait assisté à tout, mais sans intervenir, par lâcheté.

Annette resta vingt quatre heures alitée et fit peu de cas des journaux. Endolorie, mélancolique, elle serrait tout le temps Mamour dans ses bras, plus fort que d'habitude. De sa cage, Coco lui envoyait des « kuic, kuic » consolateurs, tandis que Mamour, heureux d'être au chaud, ronronnait. Puis, bien qu'il ne lui manquât qu'une pièce de dix sous, probablement tombée de sa poche pendant la bagarre, dès le surlendemain la modicité de ses ressources la força de retourner travailler. Et il lui sembla, peu à peu, que rien ne s'était passé d'extraordinaire dans sa vie.

Les gens chez qui elle faisait des journées, leur première curiosité satisfaite, ne l'accablaient déjà plus de questions sur « son malheur », devenu de l'histoire ancienne. Ils finirent même, à la longue, par lui éviter la gêne de leur condoléance. Et son ardente dévotion ne s'était en rien refroidie. Aimant plus encore qu'autrefois l'ombre, la solitude et la paix profonde de la chapelle provisoire du Sacré-Cœur, elle en revenait aux mêmes heures tardives. Par exemple en faisant un grand détour, afin de ne plus repasser par la rue Saint-Vincent.

V

L'hiver s'acheva. Maintenant, il faisait doux. Les sèves vernissaient certains bourgeons prêts à éclater. La jeune verdure était tendre aux regards. Une sorte d'ivresse générale montait, pénétrant les êtres, transformant même les choses. Tous les lilas de la Butte, déjà en fleurs, embaumaient l'air, surtout le soir.

Le soir aussi, Annette, revenant de la chapelle, passait de nouveau par la rue Saint-Vincent. Arrivée au milieu, devant certain tas de sable, loin de hâter le pas, elle le ralentissait aujourd'hui, humant la bonne odeur des lilas à travers la clôture en planches, écoutant des rossignols, au milieu du petit cimetière, chanter pour les morts. Et elle ne s'en allait plus. Comme si elle eût attendu quelqu'un, espéré quelque chose.

LES NUÉES

I

Sans avoir lu Schopenhauer, Joseph Guignolet en était arrivé, vers la quarantième année, sous Napoléon III, à une lassitude des hommes et des choses. Mais il ressemblait à ces mauvais soldats qui ont jeté leurs armes, vaincus avant d'avoir combattu. La vérité est que, traînard de l'existence, il n'avait réussi à rien parce qu'il n'avait jamais entrepris grand'chose.

A l'école, tout comme ses camarades, il avait eu des billes ; mais il jouait rarement avec, de peur qu'on les lui gagnât. Plus tard, au collège, la crainte d'être refusé au baccalauréat lui fit, dès la troisième, abandonner le grec et le latin, pour ne suivre que les classes commerciales. Plus tard encore, vis-à-vis de la femme et dans le choix d'une profession, la même prudence exagérée, en produisant une excessive lenteur et une grande incertitude de décisions, le paralysa indéfiniment. Les mois et les années glissaient sur lui sans qu'il arrivât à se secouer. « Plus tard », « demain », se disait-il. Puis, demain ressemblait à aujourd'hui. Il ne se mettait à rien, ni au travail, ni à l'amour. Et il n'en était pas beaucoup plus malheureux. Ses premiers cheveux blancs, la pensée de la vieillesse et de la mort, le jetaient en des mélancolies aiguës, mais passagères. Somme toute, comme il jouissait d'un excellent estomac, le physique, en lui, réagissait. Son pessimisme, résigné d'habitude, lui laissait çà et là de petits coins bleus. Il connaissait des heures où la santé, cette joie du corps, parlait plus haut que les torpeurs de son âme. Un bon dîner, suivi d'une promenade hygiénique et de plusieurs pipes, avait généralement raison de ses mélancolies.

II

Il demeurait avec sa mère sur le revers septentrional de la Butte, au flanc du Moulin-de-la-

Galette, un peu en contre-bas, dans une vaste propriété, constituant leur avoir, que leur avait laissée M. Guignolet père, décédé au lendemain du coup d'État, de chagrin sans doute, en voyant qu'il ne serait jamais maire, après avoir été adjoint de Montmartre en 1848, sous la République.

Situées entre la place de la Fontaine-du-But et les carrières de Montmartre, emportées par le tracé des rues nouvelles, les Nuées étaient bien connues, avant la guerre. Tous les anciens habitants de la Butte se rappellent les Nuées. Une grille en fer, modeste mais ancienne, peinte en noir, ouvrant sur un grand jardin qui contenait quelques très vieux arbres ; à gauche de l'entrée, la maisonnette du concierge; puis les vestiges du « chateau des Nuées », inhabité, contemporain des vieux arbres et bâti, disait-on, pour Catherine de Médicis qui affectionnait la Butte et ses moulins; enfin, du côté de la plaine Saint-Denis, clôturant le jardin — un morcellement du parc primitif qui devait descendre jusqu'au bas de la colline — six petits pavillons, récemment construits et tous contigus, formaient une sorte de cité de rapport, louée à des familles, Joseph et sa mère habitaient un des pavillons, vivant du revenu des cinq autres, ce qui suffisait à la modestie de leurs goûts et à la régularité de leur existence.

L'hiver, il se levait à sept heures; l'été, à six et même à cinq. A neuf heures du soir, il était au lit : de vraies habitudes de campagnard. Une domestique âgée, que la concierge aidait, suffisait au ménage. Aucuns frais de représentation. Passant des mois sans descendre dans Paris, même dans le bas Montmartre, vêtu l'hiver de gros velours marron, l'été en coutil, il avait plutôt l'air d'un paysan aisé que d'un bourgeois parisien et d'un rentier propriétaire.

Abonné au *Petit Journal* et au *Moniteur des Campagnes*, il louait parfois des romans d'aventure — lui, à qui rien n'arrivait jamais — chez un petit libraire, rue de Norwins, près du boucher. En dehors de ces plaisirs intellectuels, quand il ne faisait pas le tour de la Butte en fumant sa pipe, le jardin des Nuées, planté de vieux arbres, restait sa grande distraction. Il y coupait le bois mort, arrosait, bêchait, sarclait, ratissait, faisait certains semis, cultivait des fleurs. Le château délabré était encombré de ses ustensiles de jardinier : bêches, rateaux, sécateurs, échelles, vases de toutes dimensions, arrosoirs. Un automne, il commença même à transformer en serre les immenses salons du rez-de-chaussée, qu'éclairaient de larges portes-fenêtres. Les grands froids arrivaient; pour sauver ses plantes, il alluma des troncs entiers dans les immenses cheminées. D'épais flocons de fumée montèrent au-dessus du toit, comme au temps de Catherine de Médicis.

III

En 1860, Mᵐᵉ Guignolet mourut ; puis, au printemps, la vieille servante s'éteignit à son tour, Joseph ne reprit pas de domestique. La concierge, maintenant, lui faisait son lit, lui apportait ses repas. Alors, dans cette solitude nouvelle, son goût de l'horticulture, ce qui, chez lui, n'était jusqu'ici qu'un passe-temps, se changea vite en passion unique absorbante. Il ne vécut plus que pour ses plantes, pour ses fleurs.

Il leur consacrait son temps, sa peine et son argent, les économies de sa mère découvertes au fond de vieux bas. Les gros arbres séculaires, sous lesquels une reine s'était promenée peut-être, donnaient une ombre épaisse : il commença par les couronner, puis les coupa au ras de terre, impitoyablement. Rien de trop cher ! Comme un vieillard acoquiné à quelque femme dangereuse, toujours à court d'argent, il hypothéqua en plusieurs fois son immeuble pour une soixantaine de mille francs. Mais, restaurées, rebâties, bouleversées du faîte aux fondations, sillonnées par les tuyaux invisibles d'un calorifère, les Nuées étaient changées en une énorme maison de verre. Dans l'éventrement des épaisses murailles, remplacées par de sveltes colonnes de fer, tout un agencement de larges vitrages mobiles fit l'étonnement du quartier.

Chaque nuit, maintenant, il se levait plusieurs fois, pour interroger le thermomètre, le baromètre ; pour jeter du combustible dans le calorifère, ouvrir ou fermer les bouches de chaleur. Et son caractère était changé. Lui, si doux autrefois dans son indifférence distraite, si inoffensif, il devenait volontaire, violent, rageur, la tête près du bonnet. Quelque bonne d'un locataire des cinq pavillons faisait-elle mine de s'approcher de la serre, ou pour le dégât d'un chien, d'un enfant, même pour l'invasion nocturne d'un chat, c'était, dans les vingt-quatre heures, un congé par huissier, signifié aux maîtres du chat, de l'enfant, du chien ou de la domestique.

On le croyait « un peu loufoque », dans le quartier. Il ne louait plus de livres au libraire de la rue de Norwins, près du boucher, s'était désabonné du *Petit Journal*. Les mains devenues caleuses, toujours enduites de terre, il ne sortait plus. En culture du matin au soir, ou contemplant des heures ses fleurs bien-aimées, ou rôdant autour, avec des airs de dogue absorbé, Elles lui tenaient lieu de tout, ses fleurs : de société, de parents et d'amis, de femmes. Et les années s'écoulaient, pour lui désormais rapides et remplies.

IV

En 1870, la guerre. Il apprit, un beau jour de septembre, que les Allemands arrivaient à marches forcées, pour assiéger Paris. Les locataires des cinq pavillons filèrent la même semaine, comme les hirondelles au premier froid.

Y compris un peintre décoré et un baryton de l'Opéra, un peu plus bourgeois que les autres, c'étaient tous des gens paisibles, aisés, casaniers et prudents, ne descendant à Paris que pour leurs affaires ; des demi-provinciaux, les uns et les autres, restés en relations suivies avec leur sous-préfecture. La perspective d'aller attendre la fin des mauvais jours au fond de leurs départements respectifs ne les épouvantait guère personnellement ; mais ce qui leur crevait le cœur, c'était de ne pouvoir emporter ce quelque chose d'eux-mêmes : leur mobilier. Penser que leurs bons lits, leurs fauteuils, tapis et rideaux, leurs glaces, leurs pianos et leurs bibliothèques allaient rester exposés à l'inconnu, à tous les risques d'un long siège. « Heureusement, se dirent-ils tous, M. Joseph Guignolet, notre propriétaire, ne partira pas : il aime trop ses fleurs ! » Et pas un d'eux n'hésita à remettre ses clefs au digne M. Joseph Guignolet, un brave homme, si inoffensif, si doux quand il ne s'agissait pas d'horticulture. Une chance encore, quand on a tout à craindre, bombardement, incendies, pillages, réquisitions, de pouvoir confier son mobilier, les yeux fermés, à un semblable propriétaire.

Puis, au bout de cinq mois de siège, à l'armistice, quand les prudents revinrent, pressés de retrouver leur chez eux, heureux de savoir que les obus du bombardement avaient respecté la rive droite, les bras leur tombèrent. Les cinq pavillons, vides et délabrés ! Qui donc avait fait main basse sur leur mobilier, sur leurs pianos, sur leurs rideaux et leur linge, n'épargnant pas plus le bois des îles que le palissandre ou l'acajou? Quelle rage de folie ou de vandalisme avait passé par là sans épargner les fenêtres et les portes, arraché jusqu'aux lames du parquet?

Les francs-fileurs avaient compté sans la passion horticole de M. Joseph Guignolet. Celui-ci, pendant le froid terrible du siège, manquant de combustible, ne voulant pas laisser s'éteindre le calorifère, avait tout brûlé, ses meubles d'abord, puis ceux des cinq pavillons : mais les plantes de la serre étaient sauvées ! Les locataires n'entendirent pas de cette oreille; l'action commune qu'ils intentèrent, ruinait Joseph. Heureusement, qu'un matin de mai 1871, pendant, « le second siège, » un obus du Mont-Valérien tomba sur les Nuées, et détruisit la serre, en foudroyant l'horticulteur, qui n'eut pas le désespoir de se voir exproprier.

LA CHOUETTE

I

— La Chouette !... la Chouette !... la Chouette !... Hue ! vilaine Chouette !... criait une marmaille en délire.

Et de lui courir sus, avec les piaillements d'une basse-cour, de se pendre à ses jupes, de la pousser, de lui arracher son tablier bleu. Des mioches, hauts comme ma botte, joufflus comme des anges, tâchaient de lui jeter du sable en plein visage.

— Tiens ! attrape, vieille Chouette !

Cela arrivait chaque fois que la malheureuse, sortant du petit café tenu par sa tante à l'angle de la rue Saint-Eleuthère, se hasardait sur la place du Tertre, si tranquille d'habitude. Quelque moineau effrayé s'envolait des jeunes acacias plantés en quinconce. Mais les maisons basses, à deux étages, qui encadrent la place, n'en perdaient point leur paix villageoise. Personne ne se montrait pour cela au seuil de la boulangerie Saint-Pierre ou de la crémerie des Coquilles. La femme de l'épicier, à son comptoir, n'interrompait jamais la lecture d'un roman-feuilleton. Tandis que le boucher, tout de blanc habillé, attendait, en sommeillant, l'heure de fermer sa grille. C'est que les habitants de la Butte savaient à quoi s'en tenir sur le compte de la Chouette, une « innocente », qui, sans être complètement folle, avait quelque chose de détraqué dans le cerveau.

Quelque rouage de l'intelligence mal graissé sans doute, et qui ne fonctionnait plus ! Mais elle restait inoffensive et douce, souvent joyeuse. Au lieu d'être « vilaine », ou « vieille, » comme le lui criaient les gamins de Montmartre, c'était une plantureuse fille de dix-neuf ans, aux joues de pêche mûre à point, les yeux cernés pourtant. Son surnom « la Chouette » lui venait de ce qu'on ne la rencontrait guère que la nuit. A certains moments de l'année, et du mois, quand elle était bien disposée, il fallait l'entendre faire chorus elle-même avec la marmaille :

— Hue ! la Chouette !... Ks ! ks ! la vieille Chouette !

Ces jours là, elle jouait passionnément aux

cachettes et à la main chaude, pieds nus dans la poussière, montrait à chaque instant un bas de jambe sculptural. D'ailleurs, insensible aux rebuffades et moqueries, très actionnée. Un grand bébé turbulent qui poussait soudain, sans motifs, de graves cris gutturaux.

II

La rue Saint-Eleuthère, passe devant le Sacré-Cœur, contourne l'église Saint-Pierre, puis débouche sur la place du Tertre. Le *Café de l'Avenir* forme l'angle, ressemble à une auberge de village, avec sa branche de pin pour enseigne parlante, et, au-dessus de la porte, un peinturlurage représentant « la Liberté planant sur la Bastille », sa clef à la main. Depuis trente ans qu'elle tenait ce « café », la veuve Laure Joubin était devenue, à la longue, une sorte de dragon à moustaches, basse de stature, à gros ventre et ronde comme une tour, très capable avec cela d'expulser violemment un pochard, les samedis de paye. Mais, dès qu'on lui parlait de sa nièce Sophie,

« la Chouette », cette veuve Joubin faisait de grands bras et sa voix de rogomme s'entrecoupait de soupirs.

Si c'était, nom de Dieu ! possible, une calamité pareille ! Après avoir assisté au siège de Sébastopol comme cantinière, avec son pauvre Joubin, cantinier du 89ᵉ de ligne, après avoir trimé toute sa vie, en être réduite aujourd'hui à n'avoir que la Chouette au monde ! Rien à en tirer ! Une idiote qui, mauvaise certains jours, ne voulait même plus balayer ni descendre à la cave. Toujours nu-pieds, déguenillée, ne consentant jamais à changer de vêtements, elle lui faisait honte, à la fin. Dire que ça lui était arrivé toute jeune, un jour qu'une cliente de malheur, la tenant dans ses bras, l'avait laissé tomber le crâne contre le zinc du comptoir. Et rien à faire ! Elle s'était ruinée en potions chez l'herboriste de la rue Norwins. Un pharmacien des boulevards extérieurs lui avait conseillé de la marier. Avec ça que c'était facile ! Qu'y pouvait-elle ? Certes, Sophie devenait belle fille ; mais qui voudrait jamais s'empêtrer d'un cerveau dérangé ? Encore, si elle avait une dot à lui donner !

Et, finalement, la tante Laure, pour changer le cours de ses idées pénibles, finissait par se verser un « cintième » du vin de la bouteille !

III

Vers quatre heures de l'après-midi, un dimanche, au sortir du Moulin-de-la-Galette, où il venait d'en « pincer un », le peintre Guy Modéran, joyeux paysagiste, au talent souple et précoce, passa devant le *Café de l'Avenir*. Deux blancs-becs de rapins, plus jeunes encore, « n'ayant jamais exposé », l'accompagnaient.

— Tiens ! un Rubens !... s'écria Guy Modéran à la vue de Sophie en haillons, les pieds nus, accoudée au comptoir.

Tous trois entrèrent. En jouant des tournées au tourniquet, ils dirent des plaisanteries salées, que la tante seule comprenait. Celle-ci leur répondait avec sa gaillardise d'ancienne cantinière. Mais le regard fixe de la Chouette ne quittait plus le joli visage de Guy Modéran.

— Ce qu'elle est chic, tout de même ! s'écria le peintre, en saisissant à pleine main son bras nu. On en ferait bien quelque chose !...

— J'te crois ! riposta le plus petit des trois, avec une intonation canaille.

Guy Modéran lui ayant demandé si elle voulait

qu'il peignît son portrait, la Chouette, sans dégager son bras, grimaça un ricanement de bête. Soudain, violente, forte comme un homme, écartant le freluquet d'un revers de bras, elle s'élança vers la porte :

— Oh ! les vilains !... les cochons !... les saligauds !... criait elle à un couple qui passait.

Quelque calicot endimanché et une petite ouvrière, tout simplement, marchaient en se tenant par la taille, les yeux dans les yeux. Guy Modéran et ses amis éclatèrent de rire. Mais, subitement grave, la tante Joubin se mit en travers de la porte, qu'elle ferma par prudence.

— La vue de ces choses la met en fureur, leur expliqua-t-elle. Heureusement qu'ils ne se sont pas embrassés !...

Surexcitée comme elle l'était depuis quelques jours, la Chouette n'eût pas manqué de se ruer sur le couple.

IV

Un an s'écoula. Chaque fois que, seul ou avec des camarades, Guy Modéran remontait au Moulin-de-la-Galette, il ne manquait pas d'aller prendre quelque chose au *Café de l'Avenir*. Histoire de revoir la Chouette, de lui tripoter ses bras nus et de lui en dire de raides, sous le nez de l'ancienne cantinière de Crimée, qui n'y voyait grand mal.

— Allez! s'écriait celle-ci devant ces badinages, il faut qu'elle vous ait joliment dans ses papiers, vous, pour qu'elle vous en laisse faire autant!... Ça ne se passerait point ainsi avec un autre, croyez-le!

En effet, dès que le jeune peintre paraissait, une émotion subite transfigurait la Chouette. Au fond de ses grands yeux sans pensée, une petite lueur, discrète, semblait s'allumer; et ses joues, ses bonnes joues duveteuses, devenaient tout de suite roses. Elle le reconnaissait, lui souriait chaque fois, montrait la pointe de ses petites dents serrées, blanches comme du lait. Par moments, ses lèvres fraîches et sensuelles s'agitaient, comme si un mot, un mot qu'elles auraient voulu prononcer, était là, au bord de leur corail, n'arrivait jamais à sortir.

Trop malin pour ne pas s'être aperçu de « son pouvoir », et certainement chatouillé, Guy Modéran se mit à venir tous les jours. Il commença même une étude sur la Butte, prit comme motif les hauts échafaudages de l'église du Sacré-Cœur, qui commençait à sortir de terre. Naturellement, la séance achevée, il déposait au *Café de l'Avenir* sa toile et tout son attirail.

Un soir, bien que la veuve Joubin ne donnât point à manger, il la pria de lui faire une omelette au lard. A peine la tante fut-elle sortie pour acheter les œufs, Guy Mondéran, resté seul avec la Chouette au fond du café désert, voulut en profiter.

— Sophie !... ma belle Sophie !... Viens un peu ici... Je t'adore !

Lui prenant tout de suite la taille, sans plus de préliminaires, il voulut l'attirer.

— Oh !... sale !... dégoûtant !...

Avec une force extraordinaire, elle le repoussa si violemment, que Guy alla butter contre une table, se fit très mal. Il dut imbiber d'eau fraîche son mouchoir, se bassiner le genou. Quand la tante revint, la Chouette ne se rappelait même rien. Le front un peu moite cependant, la joue rose, elle regardait le jeune homme avec son ardente fixité habituelle.

V

Dix-huit mois encore. Non seulement Guy ne s'était plus frotté à la farouche innocente, mais une absence de cinq mois, passés sur la côte de Bretagne, avait effacé jusqu'au souvenir de l'espèce d'entraînement charnel qui, un soir, l'avait fait se jeter sur la Chouette. Bien que, depuis son retour, il logeât lui-même sur la Butte, où il avait loué, pour huit cents francs, un joli pavillon avec jardin, on ne le voyait plus rôder autour du *Café de l'Avenir*. Sa vie était changée. Une troisième médaille obtenue au Salon, quelques toiles bien vendues chez Durand-Ruel, un commencement de notoriété, le rendaient ambitieux. Il alla un peu dans le monde, cet hiver-là, pas beaucoup, mais assez pour que les jeunes camarades, toujours au même point, eux, le traitassent de « poseur ». Enfin Georgette, une miniature de petite femme blonde, toute jeune, rencontrée un soir dans un café d'artistes, et qu'il avait ramenée chez lui, d'où elle n'était plus sortie, lui faisait un intérieur.

Le printemps revint. Par un beau matin d'avril, Guy, donnant le bras à Georgette, qu'il avait eu la fantaisie d'accompagner au marché, se trouva nez à nez avec la Chouette dans l'étroite rue Saint-Vincent, à la hauteur du petit cimetière. Guy ne sourcilla pas. La folle devint très rouge, se rangea un peu pour leur laisser le passage. Et, tant qu'elle put les apercevoir, elle resta plantée à la même place, toute pâle maintenant, ouvrant les lèvres comme si elle allait crier.

Il la rencontra de nouveau, encore accompagné de Georgette. Toujours la folle, pétrifiée sur place, changeait de couleur, les lèvres frémissantes ; puis, quand ils avaient passé, elle les suivait longtemps, de loin, à leur insu, sans que ses pieds nus fissent le moindre bruit.

Un soir de juin, du haut de la petite place du Calvaire, Guy Modéran, qui rêvait d'exposer l'année suivante, un « Paris à vol d'oiseau », montrait à Georgette un magique coucher de soleil. Accoudé près d'elle, au sommet du raide escalier, il lui faisait admirer l'énorme ville, que l'astre, déjà enfoncé dans une gloire, éclaboussait d'une pluie de pourpre. Plein de son futur tableau, il lui désignait des monuments : les Invalides, la Trinité, l'Opéra, la gare du Nord, le Panthéon. Soudain, dans le cou, par derrière, au-dessous de la nuque, une sensation de froid, de froid glacial : la Chouette lui donnait un coup de couteau. La pointe, traversant de part en part, ressortit par la gorge. La Chouette riait.

NUIT A TROIS

I

Un dimanche soir, sept heures et demie. Ayant appétit, je voulus dîner là où je me trouvais, au Boulevard Rochechouart. En cherchant un restaurant, voilà qu'à la hauteur d'un bal déjà illuminé, je me trouvai en face d'une jeune femme, toute tremblante, qu'un ivrogne en blouse inquiétait. Je rassurai cette personne.

— Connaissez-vous ce particulier ?

Elle ne l'avait jamais autant vu, s'appelait Alice, descendait du haut de la Butte, avait dîné dans une crèmerie de la rue Tholozé et se rendait à l'Élysée-Montmartre.

— Seule !

Simplement vêtue, de langage, de tenue, elle ne ressemblait guère aux habituées de bals publics. Je lui adressai de nouvelles questions.

Elle n'osait trop entrer dans cet établissement, où elle n'avait mis les pieds qu'une fois, dix-huit mois auparavant avec son mari. Et, comme je considérais son léger chapeau bleu, où était piqué un bouquet de roses rouges, elle me dit avec un sourire mélancolique :

— Hier, je portais encore le grand deuil... Je l'ai quitté... pour un soir ; mais je suis veuve... Depuis quinze jours !

II

Maintenant, devant moi, à une table de restaurant, Alice me tenait compagnie pendant que je dinais. Elle prit un café au kirsch. La chaleur lui portait à la tête. Sa joue, que je touchai familièrement, était bouillante. Le creux de ses mains sèches brûlait, elle toussait d'une grosse toux.

D'une voix éteinte, sans vibration, uniforme et indifférente, elle se remit à me parler d'elle, comme si elle eût parlé d'une autre...

— La nuit, j'ai peur... Heureusement que, depuis, la bonne de l'hôtel vient, chaque soir, coucher avec moi...

— De quoi avez-vous peur ?.. Que, pendant votre sommeil, votre mari revienne... vous... ?

— Ne plaisantez pas... Mon mari s'est empoisonné.

— Ah !

Le couteau et la fourchette en l'air, je m'interrompis de découper ma viande.

Au bout d'un moment, la bouche pleine :

— Etiez-vous mariés... réellement ?...

— Oui... depuis cinq jours seulement... Mais nous étions ensemble depuis vingt-huit mois.

III

Alors, en assaisonnant avec soin ma salade de laitue aux œufs durs, je commençai à l'accabler de questions sur cet homme. Son nom ? — Louis Lesueur. — Son âge ? — Trente-cinq ans. — Sa profession ? — Aucune.

Jadis, de vingt ans à vingt-cinq, employé dans une maison de banque. Depuis la mort de son père, il n'avait plus voulu rien faire, il était venu demeurer à Montmartre. Dépensier avec cela. Son plaisir était de la mener dans des restaurants où ils dépensaient « des cinq francs par tête. » N'avait-il plus d'argent, il écrivait à son notaire ou faisait une absence de huit jours, afin d'aller chez lui, à une quarantaine de lieues de Paris. D'autres fois, il partait pour la chasse, en lui laissant un billet de cent francs pour sa dépense. A part ces bordées, il ne la quittait ni jour, ni nuit, la menant au café-concert, au théâtre. Jaloux, même ombrageux, bon au fond, avec des inégalités de caractère et des bizarreries fréquentes, des distractions, des sortes d'absences. Il buvait de l'eau rougie, ne jouait pas, elle ne lui connaissait aucun ami. Un frère, sous-chef, de dix ans plus âgé, paraissant plus jeune parce qu'il avait mieux vécu. Brouillés, d'ailleurs, depuis quinze ans, ils ne se voyaient jamais. Le frère n'avait pas assisté à son mariage ; elle l'avait aperçu pour la première fois, le jour de l'enterrement.

Malgré tant de détails précis, dits en phrases brèves, toutes simples, avec une sobriété rare de la part d'une femme, le suicidé restait pour moi une abstraction. Je ne doutais pas de la sincérité de la jeune femme, mais lui, ce Louis Lesueur, je ne le voyais pas. « Un être banal, peu intéressant : quelque fou ? Il devait tenir ça de quelque ascendant... » me disais-je en prenant mon café.

Pourtant, mon addition payée, une fois hors de restaurant, il m'eût été impossible de laisser partir Alice. Une idée de possession? Pas l'ombre. De la pitié? Sans doute. Une commisération vague pour ses malheurs. Mais, autre chose aussi. Quoi?

IV

Neuf heures. Nous nous retrouvions sur le boulevard extérieur, à l'endroit où le pochard l'avait effrayée, devant la station de l'omnibus Montmartre-Saint-Jacques. Il faisait doux. Des filles en cheveux retenaient par la manche les passants isolés. Alors, pris de l'envie de l'emmener quelque part, je me souvins que Taillade jouait au théâtre Montmartre. Ma proposition éclaira son visage. Oh! oui, le théâtre! Elle avait besoin de distractions après la crise traversée.

Nous n'arrivâmes qu'au milieu du second acte.

Et la pièce était faiblotte, obscure. Mais Alice écoutait avec une intensité d'attention, qui m'amusait et m'attendrissait à la fois. Je ne regrettais pas mon argent ; mais elle était pour moi la pièce. Soudain, je ne sais quelle association d'idées... Aussi à l'entr'acte, dans l'oreille d'Alice, tout bas :

— A propos, vous ne m'avez pas dit... Où demeurez-vous ?

— Place de la Fontaine-du-But... Ici, à deux pas, mais il faut grimper sur la Butte... ou la tourner... Une toute petite place, tranquille, ignorée.

Le soir, lorsqu'il leur arrivait de prendre une voiture pour rentrer, jamais le cocher ne découvrait cette place.

— Nous vivions au bout du monde, comme cachés.

La toile se relevait sur le quatrième acte. Au lieu de regarder le nouveau décor, dès que l'orchestre eut achevé l'ouverture, je lui dis, d'une voix mal assurée en la tutoyant pour la première fois :

— Et... tu n'as pas changé de chambre... depuis ?

Non ! elle n'avait pas voulu changer, malgré l'offre de la patronne. Pour trente francs par mois, c'était la chambre la moins triste de l'hôtel. la plus avantageuse. Un lit excellent.

Je ne lui adressai plus de questions. Mais, jusqu'à la fin du mélo imbécile, pendant qu'Alice, oubliant son propre drame, était tout oreilles, j'étais autre part, en pensée. J'étais déjà dans la chambre avantageuse à trente francs par mois. Et le lit, « ce lit excellent » me faisait horreur. Je m'enfuyais pour revenir sans cesse, poussé par une invincible curiosité. De quelle couleur pouvait être le papier ? Des effets ayant appartenu au suicidé devaient traîner, à moins que, en femme d'ordre et de tête, Alice eût caché tout. Mais, après un drame pareil, ne reste-t-il pas toujours quelque chose ? Qui sait si, les secrets de la vie et de la mort de cet inconnu, je ne les surprendrai pas, traînant sur le parquet et les murailles, suspendus à la glace, accrochés aux meubles et aux bibelots, enfouis au fond d'un placard humide ? Enfin, outre l'idée obsédante de l'enquête à faire, cette tentation malsaine, basse mais impérieuse : passer une nuit avec la femme, dans ce lit où Louis Lesueur... Me vautrer dans une sorte d'adultère rétrospectif : me substituer, dormir à sa place, aimer comme lui ! Enfin, pendant douze heures, être Louis Lesueur.

V

— Votre numéro, monsieur, s'il vous plaît ?

L'ouvreuse nous rendait nos paletots, pendant le rappel final. « Taillade ! Taillade ! » criaient les spectateurs, debout. Egalement debout, je sentais mes jambes fléchir ; une sueur froide me mouillait le front. J'aidai pourtant Alice à se vêtir.

Dehors, quelle bonne bouffée d'air frais ! La salutaire réaction ! Subitement délivré de mes tentations, calme, léger, maître de moi, avant de quitter la jeune femme, je m'efforçai d'être gentil.

— Êtes-vous contente de Taillade ? Ne regrettez-vous pas l'Elysée-Montmartre ?

Elle ne regrettait pas. Taillade était très fort. Mais ces femmes qui pleuraient, là-haut, aux petites places, l'avaient tout de même surprise. Elle ne prodiguait pas ses larmes comme ça, pour des bêtises. Et de rire, comme je ne l'avais pas encore vu rire, de bon cœur, aux éclats. Puis, elle toussa de sa grosse toux.

— Voulez-vous du sucre d'orge ?... Ou, plutôt, quelque chose de chaud, au café ?

Elle refusait tout, avec un indescriptible abandon de son bras sur le mien.

— Avez-vous faim ?... Une soupe au fromage ?
— Non !

Elle accepta un bouquet de violettes.

Une seconde, l'idée de la mettre en voiture pour l'emmener chez moi. « Non ! elle est gentille, mais j'ai à faire demain matin. » Cependant, je ne pouvais me décider à la lâcher. Encore cinquante pas, encore cent ! Sa discrétion m'avait touché et il était minuit passé : pas âme qui vive dans la chaussée Clignancourt et cette rue Ramey par laquelle nous contournions la Butte. D'autres rues plus solitaires encore, sans maison : rien que deux trottoirs bordés d'une balustrade en planches, au milieu des terrains vagues. Tout à coup, Alice éclatant de rire :

— Place de la Fontaine du But !... Nous y voilà !... Vous y êtes venu sans vous en douter.

Pas grande, la place, avec ses jeunes arbres en quinconce, semblable à une place de province. Quelle paix profonde ! Pas de roulement de voiture. Une borne-fontaine laissait tomber un égouttement d'eau. Au loin, un chien jappait.

— Nous y sommes !.. Tenez, ma fenêtre !..

La fenêtre, au premier étage, grande ouverte. Un vague reflet blanchissait les vitres. Elle venait de sonner. « Allons ! disons-lui bonsoir. » Mais la la porte de cette maison s'ouvrit. Soudain, ce fût plus fort que moi : j'entrai.

VI

La porte refermée, à la lueur d'une petite lampe de veille, j'aperçus les marches de l'étroit escalier tournant. Soudain, cette pensée : « C'est par là qu'on a descendu le cercueil de Louis : l'opération n'a pas dû être facile ». Je reconstruisais la scène. J'assistais aux efforts et à l'essoufflement des hommes faisant passer par le colimaçon de l'escalier une sorte de grande boîte à violon, très lourde. Et ma main pressa doucement celle d'Alice.

Nous étions dans le « bureau ». La bonne, pas couchée, une réjouie, brune, me tendit une feuille à remplir. « Vous savez, monsieur la petite formalité... » Je m'assieds, j'écris, puis, avant de me lever, j'inspecte le bureau, très propre, les meubles d'acajou. On se croirait dans une hôtellerie de petite ville. Pour rester encore, je débite gaiement à la jeune brune, ce qui me passe par la tête. Le bureau me plaisait, oh ! mais beaucoup ! Donnait-on à manger ? prenait-on des pensionnaires ? C'est que je viendrais de temps en temps, moi ! Si elle n'avait pas d'amoureux, je lui en chercherais un, parmi mes amis :

— Comment le voulez-vous ?

Mais Alice, debout, toussait de sa grosse toux.

— Allons, bonsoir, mademoiselle ! dis-je à la bonne.

En gravissant les marches, je pensais de nouveau à la grande boîte à violon, très lourde.

VII

Alice ouvrit sa porte. Son bougeoir à la main, elle passa la première. Soudain, au moment où j'allai la suivre, une épouvantable odeur de phénol me fit reculer. Ce n'est qu'un désinfectant, le phénol ; mais, comme on en met dans les chambres des morts, son odeur a toujours été pour moi une odeur funèbre.

Je surmontai pourtant ma répugnance. Une

fois dans la chambre, j'ouvris tout d'abord la fenêtre : la vue de la petite place avec ses quatre reverbères, la lune aussi, me réconforta comme si je retrouvais quelque ancienne connaissance. Puis, je me promis de fumer beaucoup ; d'ailleurs, mon odorat s'habituait.

Maintenant, la fenêtre refermée, j'examinais la chambre, un rectangle allongé, ayant la forme d'une boîte de dominos. Sans rideaux, recouvert d'un édredon vert, spacieux, le lit, à côté de la porte, dans le sens de la longueur. Au pied du lit, une armoire à glace en acajou faisait face à la cheminée. Près de la fenêtre, l'unique fauteuil et la table-toilette banale. Sauf la tristesse du papier jaunâtre, c'était la chambre garnie ordinaire, bien balayée, époussetée, au parquet luisant ; rien ne traînait. Une nuit dans cette chambre était possible. Je me débarrassai de mon chapeau et de mon pardessus.

Au milieu de la tablette de la cheminée, dans un cadre adossé à une vieille pendule détraquée, une photographie. Du fauteuil où je m'étais installé, je ne la quittais pas des yeux. Debout à mon côté, appuyée sur une énorme malle de voyage, Alice surprit mon regard.

— Non, ce n'est pas lui ! me dit-elle... La photographie de mon frère... Voyez ! L'uniforme de l'infanterie de marine... Il est au Tonkin.

Elle enleva sa robe, pendant que j'examinais le jeune soldat imberbe. Visage sans caractère; pourtant un air de ressemblance avec sa sœur. Je me retournai. Alice, en jupon rouge, très court, était debout devant l'armoire à glace. Ses petites épaules maigres émergeaient, nues, du corset blanc : une fillette. J'aperçus la moitié de ses mollets d'enfant, en bas noirs, bien tirés. Elle vint s'asseoir sur mes genoux, déjà je l'embrassais; tout à coup, la jeune femme :

— Je l'ai aussi, en photographie... lui!.. Voulez-vous le voir?

Et se dégageant de mon étreinte, pour fouiller dans l'armoire à glace, elle me passa un portrait-carte. Un grand front dénudé. Un long nez aquilin.

— C'est étrange! je connais ce visage-là... A coup sûr, je l'ai déjà vu... mais où?

VIII

Nous étions couchés, Alice et moi. Le sommier était bon, le lit large; mais je ne voulus pas me mettre du côté de la muraille. Oh! pour une raison !

Alice toussait, étant restée longtemps les épaules nues, avait le corps comme un glaçon. Et les draps, frais changés, un peu écrus, étaient également froids. Dans les bras l'un de l'autre, nous nous serrions, espérant nous réchauffer. A portée de ma main, sur la table de nuit, une bougie à la flamme droite. Et rien ne remuait dans l'hôtel endormi. Dehors, aucun roulement de voiture. Personne sur la petite place ; même plus de chien jappant au loin. Et l'égouttement d'eau de la borne-fontaine ne s'entendait plus, comme si la fenêtre était calfeutrée.

Cette sensation d'être au bout du monde avait sa volupté. J'avais beau me dire : quelques jours avant, à la même place, l'autre était étendu sur le même matelas ! Je m'attendais à une sensation autrement poignante. Une fois réalisée, la chose n'était plus terrible. Jusqu'ici, en somme, je me trouvais enchanté d'être venu.

Pourtant l'autre était là, en nous, dans notre pensée. Continuellement, nous parlions de lui. Dans nos paroles et nos silences, au milieu de nos étreintes, de nos baisers, nous le sentions : il ne s'en allait pas, était en tiers. Loin de nous gêner, sa présence augmentait notre abandon, nous amenait à l'intimité.

Alice, dans mes bras, fut prise d'une nouvelle quinte, qui la secoua tout entière.

— Tu ne sais pas? dit-elle, quand elle put parler. C'est en le tenant embrassé, la dernière nuit... tiens, justement, là où tu es... que j'ai pris ce gros rhume...

— Etais-tu seule?

— Non ! une femme le veillait avec moi... Mais je ne pouvais croire qu'il fût mort... Je le trouvais plus beau que pendant sa vie... Toute la nuit, pendant que cette femme dormait, moi, assise sur une chaise au bord du lit, je l'ai gardé dans mes bras... A la fin, mon visage s'est laissé aller contre le sien et je me suis endormie à mon tour... En me réveillant, au jour, presque aussi glacée que lui, je n'avais plus une goutte de sang dans les veines... Depuis, je n'ai pas retrouvé ma chaleur...

IX

La bougie était sur sa fin. Il y en avait une autre dans le tiroir de la table de nuit, avec des allumettes. Rien qu'à étendre le bras. A quoi bon ? L'obscurité ne me faisait pas peur.

— Et l'amour ?... Écoute, Alice, tu ne m'as pas dit si vous étiez très portés là-dessus ?

L'amour ! Elle, d'abord, les médecins l'avaient toujours déclarée hystérique. Ici, dans la nuit noire, je me mis à sourire. « Hystérique ! » N'attachait-elle pas à ce mot un sens spécial, tout autre que celui des médecins ? « Maintenant que nous commençons à avoir moins froid, je vais savoir ça, tout à l'heure. » Je l'embrassai : elle, de son mieux, pleine de bon vouloir, me rendit mes baisers. Mais, outre que la pensée de l'autre nous donnait des distractions, j'acquis la certitude qu'elle avait mal interprété le mot « hystérique ». Puis, reprenant l'entretien où nous l'avions laissé :

— Et lui, était-il amoureux ?... Tu ne m'as pas encore fixé là-dessus...

— Oh ! oui, tout ce qu'il y avait de plus amoureux ! N'ayant rien à faire, admirablement nourri, buvant du meilleur sans jamais dépasser la mesure, prenant des viandes saignantes, doué d'un excellent estomac, c'était un gaillard solide. Le contraire eût été étonnant.

— S'il n'avait rien à faire, lui arrivait-il de s'ennuyer ?

— Moi, certes, je m'ennuyais !... Combien de

fois, je lui ai demandé de m'établir, s'il en avait les moyens, ou de me laisser entrer chez une modiste! Il me répondait toujours : « A quoi bon ? » Et il était d'un fier... Lui, ne s'ennuyait jamais... Chaque soir, en rentrant, il me faisait coucher la première, passait la moitié de la nuit à écrire, je ne sais quoi, sur des feuilles. Puis, en relisant ça, le lendemain matin — parfois séance tenante, avant de revenir me retrouver — il déchirait ces feuilles...

— Sans te les lire ?... Sans te parler de ce qu'il avait écrit ?

— Il ne m'en a jamais ouvert la bouche.

X

Trois coups, à une horloge lointaine. Trois heures du matin. Nous n'avions pas fermé l'œil. De nouveau mis à l'épreuve, le tempérament amoureux d'Alice ne répondit pas plus brillamment. Nous essayâmes ensuite de nous endormir. Impossible. Elle changeait à chaque instant de position dans le lit ; pour ma part, jamais je ne m'étais senti si éveillé.

— Enfin, voyons ! selon toi, pourquoi s'est-il tué ?

— Je me le demande encore...

— Il se portait bien... ne s'ennuyait pas : est-ce pour l'argent ?

— Il ne me racontait jamais ses affaires... Un jour, voici bien six mois, il m'avait parlé d'une perte de vingt mille francs prêtés, pour une affaire, à un ami, qui n'aurait pas réussi... Mais il m'en avait parlé en l'air ; pendant deux ou trois jours, il me parut soucieux ; puis, notre vie reprit son train-train, avec quelques économies peut-être, mais toujours sans dettes...

— Alors, la folie ?

— Fou ? Oh non ! J'aurais eu trop peur, je ne serais pas restée... Quant à avoir l'idée fixe de se tuer, je m'aperçois qu'il l'avait, à coup sûr, et depuis longtemps... Nous disputions-nous... des fois, tu sais, pour des bêtises... il me disait : « Tu mourras de ma main, et je me ferai sauter le caisson après ! »... Son suicide devait d'abord arriver deux mois plus tôt : dès le 1ᵉʳ janvier, tout était prêt ! Fin décembre, il s'était fait faire des cartes de visite, avec leurs enveloppes, et il passa deux après-midi à en préparer une trentaine, à l'adresse de ses amis, avec quelques mots écrits sur chacune... Il m'avait envoyé acheter cinq francs de timbres-poste, me disant que c'était pour souhaiter la bonne année. Tout était déjà affranchi... Puis, quand il eut changé d'avis, il ficela le tout dans un paquet, cacheté avec de la cire, qu'il plaça dans l'armoire à glace... C'est moi qui aurais jeté ça au feu, si j'avais su ! Quand, deux mois après, il eût mis son projet à exécution, le paquet n'a plus été retrouvé...

— Selon toi, pourquoi a-t-il différé deux mois?
— Voici... Au dernier moment, l'idée lui vint, sans doute, de m'épouser avant le suicide... Il n'avait jamais été question de mariage entre nous. Un jour... ça lui prit, comme ça, tout de suite... il me fit écrire chez moi, pour qu'on m'envoyât mes papiers : on publia nos bans... Personne de sa famille ne vint... Nous ne nous mariâmes qu'à la mairie ; en sortant, il donna une poignée de main aux quatre témoins, et à mon père, qui repartit pour Versailles. Nous rentrâmes ici, seuls. Sans me donner le temps d'ôter mon chapeau, il me prit dans ses bras, me serrant à m'étouffer pendant trois quarts d'heure de suite, sans parler. Le soir, nous sommes allés à l'Eldorado... Ça se passait un mardi ; le samedi, après le déjeuner, en prenant notre café, il me dit à brûle-pourpoint : « Habille-toi. Tu vas passer deux jours à Versailles, chez ton père. Ce soir, j'ai besoin d'être seul, pour une affaire. »

Et il m'accompagna en voiture à la gare ; je pris le train de 3 h. 50... Le soir, en se couchant, il but le poison... A Versailles, le dimanche, le facteur me remit deux mots de lui : « A l'heure » où tu recevras cette carte, je n'existerai plus... » Tu n'y es pour rien... Tu as toujours été une » bonne fille dévouée, et je t'aime. Mais j'ai assez » de l'existence. Adieu... Louis. » Quel coup !... Je saute dans le train... j'arrive ici à cinq heures du soir... En bas, le bureau était plein : des amis, avertis comme moi, par une carte ; son frère, que je n'avais jamais vu... On ne veut pas me laisser monter. Le frère prétend me faire signer un papier... un renoncement à la succession... Je l'envoie au diable, je bouscule tout le monde, monte quatre à quatre... Il était dans ce lit.. froid... Je ne pouvais croire qu'il était mort...

Alice se tut. Elle ne pleurait pas, m'ayant raconté cela simplement, doucement. Je ne lui adressai aucune consolation banale. L'aube commençait à pâlir les vitres. Je l'embrassai sur le front ; nous nous tournâmes le dos. Malgré la fatigue, n'échangeant d'ailleurs plus nos réflexions, ne remuant pas, nous restâmes encore éveillés. Lorsque je m'endormis enfin, il faisait grand jour.

LA DERNIÈRE FATIGUE

I

Rue Saint-Vincent, dans un petit pavillon, perdu comme un nid dans les feuilles, entouré de beaux arbres qui cachaient à demi les tombes blanches du cimetière voisin — un poétique cimetière de village, tout fleuri et plein d'oiseaux — j'avais pour voisins, à l'étage au-dessus, Mme veuve Crapon et son fils unique, Léonard.

Mme veuve Crapond — elle se faisait appeler ainsi — était, dans Montmartre et même aux Batignolles, la plus respectable dame de cinquante ans sonnés. Vêtue toujours de robes sombres, aux teintes effacées, mince avec cela et comme fondue par l'âge, rappelant d'aspect la fourmi dont elle avait l'activité, elle parlait peu et bas, ne faisait jamais crier le gravier du jardin en marchant, semblait borner son ambition à ne gêner personne, à se glisser inaperçue. D'où venait-elle ? Son passé ? Son mari ? Avait-elle éprouvé des malheurs ? Lui restait-il quelques petites rentes ? Autant de questions qu'on ne songeait guère à se poser, tant elle tenait peu de place et ne faisait point de bruit.

Léonard, en revanche ! Oh ! son grand et gros gaillard de fils ! En voilà un qu'on voyait, qu'on entendait surtout. Ce n'est pas pour déconsidérer l'art dramatique, mais dire que, pendant des années, j'ai eu au-dessus de ma tête un monsieur qui se livrait, jour et nuit, à l'étude de la déclamation en chambre ! Sorti fruit sec du Conservatoire, ayant dépassé de beaucoup la trente-cinquième année, le malheureux conservait quand même l'espoir de devenir un Talma renforcé d'un Frédérick-Lemaître. La prose et les vers, le classique et le romantique, Voltaire et Shakespeare, Racine et Dumas père, Corneille et M. d'Ennery, tout ça filtrait continuellement à travers le plafond. Depuis l'aurore jusqu'à bien avant dans la soirée, c'étaient tous les grands morceaux connus, les tirades à effet, les coups de théâtre rengaînes, les scies de la tragédie et du mélo ; avec de grands pas au-dessus de mon lit, des trépignements, des chutes, des poursuites, des agenouillements, des estocades ; avec des cris de rage, des larmes de volupté, des râles d'assassiné. Et la petite maison, sonore, vibrant tout entière, devait être solide, car elle ne s'écroulait pas ! Et nos voisins, les morts du cimetière Saint-Vincent, ne se relevaient point, pour franchir la muraille moussue qui nous séparait et imposer silence à cet énergumène !

II

A la longue, cependant, comme on se fait aux imperfections des êtres et des choses, j'en vins, grâce à Léonard, à aimer beaucoup mon rez-de-chaussée du pavillon de la rue Saint-Vincent. Sans mon braillard du premier étage, j'aurais trouvé par trop mélancolique la proximité des tombes blanches. Comme aussi, cette grande paix de la mort, là, à deux pas de mes papiers et de mes livres, me faisait parfois apprécier ces assourdissants échos de la vie dévorante des planches.

Peu à peu encore, sans être curieux, sans écouter aux portes ou fenêtres, sans poser de questions indiscrètes à mes voisins, avec lesquels je n'avais guère d'autres rapports que le salut de rigueur, échangé lorsque nous nous rencontrions au jardin ou dans l'escalier, je commençai à savoir en gros leur histoire. Sur la Butte, comme dans une petite ville de province, l'existence est de verre. Sans pouvoir dire au juste comment, ni quand, la chose arriva, je me trouvai un jour au courant des malheurs conjugaux de Mme Crapon.

Elle était de Cognac, le pays de la bonne eau-de-vie. Très belle, séduite à dix-sept ans par M. Raphaël Crapon, fils unique d'un riche marchand de spiritueux; même enlevée, conduite à Paris. Puis, après la naissance de Léonard, un enfant de l'amour, elle fut épousée. Un cerveau brûlé, d'ailleurs, et un panier percé, et un cœur d'artichaut, que son Raphaël. Joli hâbleur, pas mal de sa personne, hardi, entreprenant; mais, sous ces dehors, un gouffre de débauche et de vices. A la mort du marchand de spiritueux, l'héritage flamba comme un bol de punch. Mille folies d'abord, le tapis vert surtout et des ménages en ville; puis, toutes sortes de spéculations insensées, entreprises dans l'espoir de boucher les premiers trous. Enfin, quand tout fut dépensé, lorsque la gêne eût mis la clef sous la porte des ménages en ville, un soir, après quatorze ans de mariage, Mme Crapon, en montant au sixième dans la chambre de la domestique, surprit son Raphaël dans une posture... ! Son Raphaël, leurs dernières ressources réalisées, partait quelques jours après pour l'Algérie, où il voulait tenir un cercle et ouvrir un Casino. Sans avoir jamais donné de ses nouvelles, il y était mort, depuis des années et des années. Mais Mme Crapon, abandonnée avec Léonard sur les bras, n'avait n'avait point trop perdu la tête ; le petit héritage des siens une fois réalisé, elle était venue habiter la rue Saint-Vincent, avec ce fils unique, qu'elle n'avait jamais contrarié dans ses goûts, et qui achevait de rater la carrière dramatique.

Telle était, ou à peu près, la légende des malheurs de Mme Crapon, ce que tout le monde en savait, de la rue des Saules à la place Fontaine-du-But. M'en contentant pour ma part, accoutumé à ces voisins qui me semblaient faire partie intégrante du pavillon, je n'aurais jamais cherché à approfondir.

III

Plusieurs petits faits, insignifiants à première vue, se succédèrent, qui semblaient n'avoir entre eux aucun rapport.

D'abord, un matin de printemps, pendant que je lisais dehors, au fond du jardinet, sous la tonnelle, le facteur du télégraphe monta chez Mme Crapon avec une dépêche. Le déjeuner fut retardé d'une heure. Au milieu de la journée, la veuve sortit, sans panier et en chapeau : ce qui ne lui arrivait que lorsqu'elle descendait dans Paris, une ou deux fois l'an peut-être.

Quinze jours s'écoulèrent. J'avais oublié la dépêche. Un soir, je vis Léonard monter quatre à quatre les marches, tenant une lettre. Leur porte se referma, très fort. Rien que de naturel. Pourtant, ceci : de toute la soirée, je n'entendis aucune déclamation dramatique à travers le plafond.

Le lendemain et les jours suivants, le silence se prolongea. Ni prose, ni vers. Pas le moindre : *Sauvé, mon Dieu ! — Pardonnez-moi, mon père ! — Grâce ! grâce ! — Assassin !* Ni chute de corps, ni duel forcené, ni agenouillements, ni galopades : un silence noir. Quelque chose maintenant me manquait : du bruit. Je me demandais s'il en serait toujours ainsi. N'avais-je pas la sensation du mur de clôture supprimé, du cimetière agrandi ayant englobé notre pavillon ? Enfin, au bout de trois jours, ce fut bien un *Récit de Théramène* :

A peine nous sortions des portes de Trézènes !!!

mais si timide, cette fois, si plaintif, si apeuré, que je le trouvai beaucoup plus lamentable que le silence. Quelque drame devait se mijoter chez les Crapon.

IV

D'incroyables changements dans la tenue, dans les habitudes, dans toute la façon d'être de la veuve Crapon, se manifestaient. De la sexagénaire comme fondue par l'âge, de la fourmi silencieuse qu'on n'entendait pas trotter sur le gravier de l'allée, de la ruine chenue qui ne portait que des robes tristes aux couleurs effacées, il se dégagea soudain, par un lamentable avatar, une sorte de fausse jeune femme.

Ses derniers cheveux, qu'elle teignit d'un noir mat, invraisemblable, dur, elle les portait coupés à la chien. Avec du blanc, du rouge, je ne sais quels onguents, elle s'était fait un teint de lis et de roses. Affublée d'une tournure en cul de poule, les membres comme rembourrés, elle avait maintenant de la poitrine. Du fond de ses armoires, elle exhuma les vieilles robes de sa jeunesse, toutes sortes de violents ramages, coupées à la mode d'il y a trente ans. Un châle rouge avec cela et des bas bleu-ciel ! Devenue cette posture, elle prit des airs tour à tour décidés ou alanguis. Elle parlait fort, riait comme une petite folle, cherchait à se donner des grâces.

Enfin, un soir, par un beau soir de mai, où, près de nous, sur les hauts tilleuls du cimetière, le rossignol chantait dans la jeune verdure, tout à coup les bras me tombèrent. Là, en face, accoudée à sa fenêtre et enroulée dans son châle rouge, Mme Crapon ne chantait-elle pas une romance de son jeune temps ! Il y était question du « bien-aimé », d'un absent qu'on attendait de couplet en couplet, qui finissait par revenir. Alors, en moi, comme une illumination soudaine, cette pensée : « Son Raphaël n'est pas mort... D'Alger ou d'ailleurs, il aura d'abord télégraphié, écrit ensuite... Nous allons probablement le voir ! »

Il arriva le surlendemain, de nuit.

V

J'étais couché. Sur ma tête, à travers le plafond, sonnaient ses petits pas, vifs, courts, saccadés. Au lieu de m'endormir bercé par le ronron déclamatoire de Léonard, j'entendais une voix de tête, grêle, éraillée, la voix d'un particulier ayant dû abuser de l'absinthe.

Le lendemain, il ne sortit pas. Il se tint beaucoup à la fenêtre, examinant le jardin, fumant une pipe en terre, bien culottée. Et je fus très frappé par sa barbe blanche mal peignée, sa tignasse hirsute, son air de chat de gouttières, rentrant avec des avaries, après plusieurs nuits de bordées sur les toits.

Les jours suivants, en complet de toile rapiécé et en savates, il passa plusieurs heures au jardin, seul, regardant une éternité chaque plante, fumant sans cesse; puis il alla remplir quelques arrosoirs. De temps en temps, Léonard son fils, descendait; mais M. Crapon l'envoyait tout de suite acheter du tabac, des allumettes, des journaux. Sa femme descendit à son tour, et, lui passant un bras sous le sien, elle restait là, appuyée sur son Raphaël, toute bête après vingt-trois ans et demi de séparation. Elle ne trouvait rien à lui dire; Raphaël guère davantage. Au moins, il ne l'envoyait pas en course, elle: soit que, l'ayant au bras, il crût revivre leur jeunesse; soit qu'il la ménageât, pour la mettre plus tard à sérieuse contribution.

Au bout d'une interminable semaine, quand le

tailleur lui eut apporté un vêtement neuf, M. Crapon, enfin présentable, put sortir. Sa première visite fut pour un coiffeur des grands boulevards, d'où il remonta plusieurs heures après, les cheveux à la Bressant, rasé de près, rajeuni de vingt ans, portant beau comme jadis, une rose à la boutonnière. Il offrit la rose à sa femme, qu'il baisa sur le front.

Malheureusement, dès la seconde semaine de cette sorte de lune de miel *in extremis*, de nouveaux nuages reparurent entre le mari et la femme. Railleries sarcastiques, mots amers, reproches déguisés, recommencèrent. Léonard, maintenant, s'en mêlait. Entre ces trois êtres, la vie devint un enfer. Tout le monde, dans la rue Saint-Vincent, remarquait les yeux rouges de Mme Crapon. Mais, ne renonçant pas et soutenue par l'amour-propre, celle-ci, pour le monde, faisait ostentation de son bonheur problématique.

— Moi! l'entendis-je un jour répondre à une voisine, moi! avoir pleuré?... Il n'y a pas de danger, aujourd'hui... Il est bien trop aux petits soins à mon égard. Seulement...

Et avec un plaintif soupir, qui voulait signifier beaucoup :

— Seulement... Je suis bien fatiguée, allez!

DANS L'ARRIÈRE-CAVE

I

Jusqu'à quarante ans sonnés, Octave Maublanc s'était cru « un honnête homme. »

N'ayant aucun casier judiciaire, il vivait comme tout le monde, payait son terme, laissait quelquefois tomber deux sous dans la main d'un pauvre, se découvrait dans la rue lorsqu'il rencontrait un corbillard.

Indifférent au fond, en morale, en religion, en science, en littérature, en art, il lisait généralement deux journaux du matin, et quelquefois le *Temps*, du soir.

Au ministère des cultes, où il était entré à l'âge de vingt-cinq ans, maintenant sous-chef, il avait le renom d'un garçon correct, un peu fier, un peu sec, un peu en bois, mais de relations très sûres. Ses camarades l'estimaient surtout et ses supérieurs le citaient comme un modèle.

Enfin les femmes ne lui avaient jamais fait faire de bêtises. Il ne s'était même pas marié. Non qu'il eût de l'aversion pour le mariage ! Mais, fils d'un banquier de province mort en pleine débâcle financière, il s'était brusquement trouvé sans le sou, à vingt-quatre ans.

De sorte que, gâté par le passé, rendu difficile par des souvenirs, il n'avait jamais regardé comme assez brillants les partis qui lui furent proposés par la suite. Et l'occasion du grand coup matrimonial qu'il rêvait ne s'étant jamais présentée, il avait fini par doubler le cap de la quarantaine, célibataire comme devant et toujours pauvre.

II

Comme les vieilles filles qui se mettent à élever des serins et un perroquet, les vieux garçons eux-mêmes traversent une crise, quand ils s'aperçoivent qu'ils ont raté le mariage. D'une façon ou de l'autre, il leur faut s'étourdir, combler un vide. Octave, qui n'avait jamais été bien actif, intrigant encore moins, se dit qu'il devait sortir à tout prix d'une médiocrité qui lui devenait pesante. Quadragénaire, il ne se trouvait vieux que parce qu'il avait la conscience de son mince personnage. Tandis que riche, puissant, célèbre, la vie s'élargissant alors devant lui, il se serait cru au seuil d'une troisième jeunesse. Oui, avec sa belle prestance, sa brillante santé, il pouvait compter sur quinze ou vingt magnifiques années encore, avant les premières atteintes de l'âge. Est-ce qu'un général, un ambassadeur, un ministre, et un millionnaire aussi, ne restaient pas plus longtemps jeunes que le commun des mortels ?

Il se commanda d'abord un habit neuf et, un hiver, alla beaucoup dans le monde officiel, dansa comme un tout jeune homme à des bals de ministères, fit l'aimable avec maint laideron, courtisa des duègnes qu'il jugeait influentes, étendit ses relations, dîna souvent en ville, se montra à des *five o'clock*, ébaucha même une liaison avec une sorte de Messaline, sur le retour, dont le mari, haut placé, devait le faire nommer chef de bureau, pour commencer.

Mais l'ardente personne mûre, au bout de trois semaines, le remplaça, l'oublia. De sorte qu'aux premiers bourgeons, fin mars, Octave, harassé, fourbu, dégoûté de l'adultère, du monde officiel, des dîners, allégé de ses petites économies fondues en voitures, en gants, en bouquets, souffrant d'un commencement de gastralgie, et mal, par là-dessus, avec son concierge — qui ennuyé de lui tirer le cordon à des heures matinales, venait de lui signifier son congé par huissier — reconnut qu'il n'était décidément pas taillé pour le métier de solliciteur, « indigne de lui et de son caractère ». De même qu'il s'était cru, jusqu'ici, un honnête homme, Octave Maublanc se figurait également avoir un caractère.

III

Cinq mois plus tard, par une lourde soirée d'août, Octave Maublanc « prenait le frais » dans un minuscule jardinet, attenant au modeste pavillon qu'il habitait, depuis le terme, rue d'Orient, à mi-hauteur de la butte Montmartre.

La « crise », maintenant, chez le vieux garçon, avait pris une forme. Ce pavillon à deux étages

— un rez-de-chaussée, contenant salle à manger, cuisine, un étroit cabinet de travail, et un premier, occupé par une assez belle chambre à alcôve, avec un soupçon de cabinet de toilette — il le louait au prix improbable de cinq cents francs par an, son jardinet compris. Et il « était chez lui » pour cette modique somme : plus de concierge, une indépendance absolue. Chez lui et « comme à la campagne », respirant un air autrement pur que celui de la rue de Verneuil, où il payait naguère neuf cents francs deux petites pièces tristes, à l'entresol, sur la cour. Chaque matin, une vieille femme de ménage — dix-huit francs par mois — arrivait dès sept heures, balayait d'abord, époussetait, lui faisait son lit pendant que le fourneau s'allumait, et s'en allait vers dix heures, après lui avoir servi son déjeuner, invariablement le même : un beefsteak aux pommes, des œufs, un dessert et du café. Il mangeait à la hâte, filait au ministère, pédestrement quand le temps était beau, redevenait libre à quatre heures, dînait vers cinq et demie, au restaurant.

Et, ce jour-là, il avait pris l'omnibus, dans sa hâte d'être rentré pour pouvoir s'occuper de son jardin, bêcher, sarcler, ratisser. Ses jeunes plantations devant avoir grand soif, il venait de leur donner à boire, ne ménageant pas les arrosoirs, qu'il emplissait à une borne-fontaine de la petite rue déserte : rien qu'un robinet à tourner, là, juste en face, à cinq mètres de sa porte. Et elle ne lui coûtait rien, cette eau. Maintenant, heureux d'en avoir fini, et la porte refermée à clef, le verrou mis, il se délassait dans son fauteuil rustique, s'étirant les bras, humant une bonne odeur de terre fraîchement mouillée. Il faisait encore grand jour. La pendule de sa chambre sonna une demie.

— Bon ! il n'est que huit heures et demie !

Et il continuait de jouir d'une douce béatitude, enchanté de son nouveau passe-temps, content de lui, presque fier d'avoir su, en plein Paris, découvrir cette simili-villégiature. « En voilà, une vraie hygiène ! » Cependant, bien que tout à fait en campagnard — veston de toile, chemise de nuit et souliers dits « bains de mer » — il étouffait un peu.

— Ce qu'il va faire bon tout à l'heure ! pensait-il, en épongeant son front moite.

D'ailleurs, avec ces hautes coquines de murailles, qui entouraient de toutes parts son jardin en le faisant ressembler à un puits, rien d'étonnant que l'air fût rare. « N'empêche que ça pousse bien tout de même. » Et il eut le hochement de tête grave et satisfait, d'un horticulteur expérimenté. Puis il pensa tout de suite que ça se trouvait joliment agréable, d'être entouré de murailles, par rapport aux voisins. « En ai-je seulement, des voisins ? » A droite, non ! c'était à « vendre ou à louer », d'après un écriteau. Le pavillon de gauche était seul occupé par un professeur de Chaptal et sa famille « Tous aux bains de mer, depuis le commencement du mois ! » lui avait raconté la femme de ménage, le matin même, en ajoutant : « C'est comme les deux pavillons » d'en face, monsieur : fermés également ! Je » ne voudrais pas rester seule ici, le soir, c'est » trop solitaire ! Faut bien faire attention... » Attention à quoi ? Pauvre femme ! Comme on était naïvement bête, dans ces classes-là ! « Si j'étais le gouvernement, par une bonne loi, j'interdirais aux petits journaux de troubler l'intellect populaire avec un tas de faits divers mensongers, sans compter les romans-feuilletons... »

Soudain, on sonna. Il faisait nuit noire, maintenant ; quelques larges gouttes de pluie tombaient.

IV

Au coup de sonnette, Octave, qui se croyait brave, autant qu'intelligent — autant qu'honnête

— fut secoué d'un frisson. « Mais, suis-je bête, c'est le facteur ! » Ce ne pouvait être que le facteur, en train de faire sa dernière distribution. Immobile sur son fauteuil rustique et retenant son souffle, il prêtait l'oreille, s'attendait à entendre le glissement d'un papier tombant dans la boîte aux lettres, pour sûr. Quinze ou vingt secondes d'incertitude lui parurent très longues. « Quelque lettre chargée, alors !... Peut-être une dépêche ? » Puis, au lieu du glissement espéré, un second coup de sonnette, celui-ci bruyant, argentin, joyeusement impérieux, le coup de quelque ami intime, semblant dire : « Avec moi, » pas d'atermoiements ! Tout l'un ou tout l'autre : » si tu y es, ne me fais pas poser ! et si tu n'y es » pas, bonsoir ! ça sera pour une autre fois : au » plaisir ! » Et la pomme d'une canne se mit à jouer une marche contre le bois de la porte pleine, tandis qu'une sorte d'homme-orchestre imitait le piston, la clarinette, le hautbois, en y mêlant quelques glapissements de cymbales et des zim-boum-boum de grosse caisse, le tout très réussi. Octave respirait.

— Au nom de la loi !... clama une bonne grosse voix.

Toujours le même, ce rigolo de Jean Fragery, car ce ne pouvait être que lui. Toujours fumiste, et seul capable de s'annoncer de cette façon inouïe, chez un camarade perdu de vue depuis des années. Octave alla ouvrir.

— C'est Fragery...
— Bonjour, mon vieux.
— Va, je t'avais reconnu... Et par quel heureux hasard ?

Pour toute réponse, le visiteur, qui lui avait pris les deux mains, les secouait vigoureusement dans les siennes, de grandes mains de colosse, épaisses, charnues. Puis, comme l'averse redoublait, il se mit à chanter :

> Il pleut, il pleut, bergère,
> Ramenez vos moutons...

cette fois en modulant des *tu tutu tu-u* de petite flûte.

Le drôle de corps, tout de même ! Oh ! il n'avait pas changé, cet étonnant Jean Fragery ! Et, en l'introduisant aussitôt dans son cabinet, où, pour la circonstance, il commença par allumer sa meilleure lampe à pétrole, Octave Maublanc se disait que, tel il l'avait connu sur les bancs du collège, autrefois, là-bas, dans leur sous-préfecture, loustic précoce, égayant les professeurs comme les élèves, « d'une force de trois cent douze calembourgs à l'heure » — un jour, montre en main, il s'était amusé à les pointer sur un morceau de carton — tel il le revoyait de loin en loin, tous les quatre ou cinq ans n'ayant pas varié d'un iota. Et, en se renversant sur les coussins du divan, après lui avoir, d'un geste, désigné l'unique fauteuil, il reconnaissait l'étrange conformation du crâne de son camarade : crâne unique, inoubliable, qui l'avait tant stupéfié jadis, étroit, comme tout en longueur, terminé par un front proéminent et « faisant bélier », que la calvitie naissante exagérait encore.

Alors, Jean, avant de s'asseoir dans le fauteuil :

— Tu permets, dis, que je me mettre *à l'aise*... chef-lieu d'arrondissement... Gard ?

Et comme l'autre ouvrait des yeux ahuris, il s'expliqua :

— Voyons, *Alais*... n'est-pas une sous-préfecture... aux environs de Nîmes ?... Tu as oublié ta géographie, mon brave : mais avoue que c'est un calem-*bour* bon !

Puis, sans discontinuer le feu roulant habituel, incorrigible, le vieux gamin se débarrassa d'une ceinture en peau, lourde et gonflée, qu'il portait bouclée autour de la taille, sous son gilet. Octave, à coup sûr, ne se doutait pas de ce que contenait cette ceinture, qui, jetée à ce moment sur la table, rendit un son mat. Oui, de l'or, pardi ! mais combien ? Il y avait autre chose que de l'or. Les louis devaient se la couler douce, couchés comme ils étaient, sur un matelas respectable de billets de banque. « Enfin, là, voyons, quelle somme ? Devine. » Et, devant l'indifférent haussement d'épaules d'Octave : « Non ! rien que pour voir... histoire de s'amuser... dis un chiffre ! » Puis, vantard et hâbleur, il ajouta que si le gaillard tapait juste, même à vingt francs près, lui, était homme à lui abandonner la moitié du magot. Sa parole ! Il était construit comme ça, lui, Fragery, *Jean, bon de... Mayence !*

— Eh bien ! dix mille francs peut-être ?... Non, quinze mille ?... répondit Octave, froid, distrait, maintenant étendu sur le dos.

— Allons, tu n'y es pas : je garderai tout !

Et, en redoublant ses coq-à-l'âne, le benêt le mit au courant de la vraie chance qui venait de leur arriver, à son père, M. Jacques Fragery, receveur de l'enregistrement en retraite, et à lui, son unique héritier. Le numéro d'une de leurs valeurs à lots venait de sortir : cinquante mille francs, qui leur tombaient du ciel, intelligemment. Cette somme, il venait de la toucher, cette après-midi même, ayant poussé tout exprès une pointe jusqu'à Paris, avant d'aller rejoindre son père, en traitement à Vichy. De Vichy, ils comptaient partir, tous les deux, pour leur grand voyage de vacances annuel. Cette fois, leur projet était de ne faire que traverser la Suisse, visiter en détail le Tyrol, se reposer quinze jours à Venise, puis revenir à petites journées par la haute Italie, Gênes, Monaco, Nice, Cannes, Toulon et Marseille. Un agréable compagnon de route, son père, toujours vert malgré ses soixante-dix-huit ans, avec lequel il vivait en camarade, faisant bourse commune, ce qui était bien gentil assurément, mais gênant dans certaines villes où les femmes sont irrésistibles, où l'air, le ciel, la constitution du sol, la flore et la faune, invitent à l'amour. Aussi, s'était-il bien gardé, lui, malin, de révéler à l'auteur de ses jours leur chance de pendu. Ces cinquante mille francs, qu'il comptait déposer dès le lendemain matin au Crédit Lyonnais, allaient être son compte courant de jeunesse et de galanterie, toujours largement ouvert, sa bourse de plaisirs. Parbleu ! il y puiserait chaque fois qu'il se livrerait à une de ces dépenses secrètes que certain viveur méthodique avait inventé d'inscrire sur ses livres sous la dénomination habituelle : « *On n'est pas de bois...* »

Fragery étalait ainsi ses projets simples, son naïf bonheur, sa grosse joie. Il parlait seul, grisé de sa propre parole, ne songeant qu'à torturer les mots, à violer les syllabes, à faire valoir son esprit d'éléphant. Et il ne s'apercevait pas de la distraction profonde de son vieux camarade, de l'inquiétante et morne fixité de ces yeux qui, subitement, s'étaient voilés à demi de leurs paupières, sans doute afin qu'on ne devinât point leur pensée.

V

Octave était encore irrésolu. Un violent combat se livrait en lui.

— Voyons ! depuis quand es-tu arrivé ? demanda-t-il soudain, d'un ton grave, presque solennel.

— Mais... depuis ce matin... par l'express de onze heures trente-cinq...

Tout interloqué par ce ton surprenant arraché à ses coq-à-l'âne, le bon Fragery se mit à dire l'emploi de son temps, avec simplicité. Dans ce coquin de Paris, qu'à chaque voyage le provincial ébloui ne reconnaissait plus tant il était devenu merveilleux, les heures semblaient n'avoir que trente minutes. Il n'avait donc pu faire grand'chose, parbleu ! D'abord, à la gare, laissant sa malle au dépôt, puisqu'il partait le lendemain, il avait copieusement déjeuné au buffet. Puis, un fiacre : et il était allé toucher ses cinquante mille francs. Ensuite, une flânerie sur les boulevards, des devantures regardées et des horizontales aussi, une glace prise au Napolitain ; même une averse l'avait fait se réfugier dans un passage, et là, pour tuer le temps, une emplette : ce mignon revolver-bijou. Bref, voyant qu'il risquait de trouver fermés les bureaux du Crédit Lyonnais, il avait renvoyé au lendemain de faire son dépôt. Et, après avoir dîné au Grand-Hôtel, il s'était dit, en sortant de table, de venir le relancer jusque chez lui, histoire de passer ensemble une joyeuse soirée.

— Une bonne idée ! murmura entre ses dents Octave, qui, cette fois, n'avait pas perdu un mot des explications de Fragery, en l'encourageant même par certains petits : « Bien ! Très bien ! »

Soulevé à demi sur un coude afin de mieux voir son ami, il ajouta :

— Tu n'as donc, en venant, causé avec âme qui vive... rencontré personne de connaissance ?

Et, sur la réponse négative de l'autre, tout de suite, sans chercher à coordonner ses interrogations :

— Tu n'es pas homme à être monté jusqu'à Montmartre à pied, toi !... Aurais-tu conservé ta voiture ?

Enfin, lorsqu'il sut que Fragery, tombé sur un cheval poussif qui n'eût jamais pu gravir la Butte, avait dû renvoyer le fiacre au tournant de la rue Lepic, Octave, satisfait visiblement, eut un geste large, signifiant : « C'est parfait ! » Puis, de nouveau renversé sur son divan, il resta pensif, absorbé, fermant les yeux et récapitulant sans doute, en train de peser le pour et le contre.

— Tu sais, il faut le dire, si je te dé-*range... de ma vie...* risquait timidement Fragery.

— Allons donc ! toi, me déranger ! répondit Octave d'une voix profonde, indifférent au jeu de mots, distrait.

Il resta encore un grand moment étendu, immobile, dans un état d'inertie et de prostration apparentes. Tandis que, jamais peut-être, il n'avait vécu d'une vie aussi intense que pendant cette minute, où il se débattait contre de suprêmes hésitations.

Enfin, tout pâle d'en avoir fini avec l'incertitude, un peu tremblant à la suite de sa résistance aux lâchetés dernières, il se mit d'abord sur son séant. Et, d'un ton qu'il parvint à rendre enjoué :

— Un camarade qui a le sac n'est jamais importun... Au contraire, va !

Une fois debout, son sang-froid, retrouvé

maintenant qu'il s'agissait de passer à l'action :

— Donc, si je t'ai bien compris, tu viens me chercher ?... Me chercher afin que, séance tenante, avec mon flair parisien, dont tu ne doutes pas, je te conduise là où il est le plus intelligent d'aller... en un lieu de plaisir où nous ayons chance de bien finir la soirée... de passer un peu agréablement la nuit... Est-ce ça ?

— *Fort ça !* ne manqua point de répondre Fragery.

Et, envoyant la main sur sa ceinture, déposée au milieu de la table :

— C'est Bibi qui casque...

— Soit ! comme tu l'entendras... Toi ou moi : là n'est pas la question... Mais, pour que ces événements arrivent, il faut, avant tout, que je m'habille.

— *Ma bille...* ta bille... sa bille... commença aussitôt Fragery, en automate, comme si on venait de lui appuyer sur le bouton d'un ressort.

Pour flatter bassement sa manie, Octave, imperturbable, continua : « Nos billes... vos billes... leurs billes... » Puis, allant écarter les rideaux de la fenêtre, il reprit le fil de son raisonnement. S'habiller, c'était toute une décision, grave à prendre, par un temps pareil. Cette satanée pluie ne cessait pas.

— Si, encore, j'avais eu le nez de faire venir

jusqu'ici mon cocher ! soupirait Fragery désappointé.

— En effet, il faut demeurer à Montmartre pour savoir combien il est difficile d'y trouver un fiacre, même à la station... Or, sans fiacre, un seul parti : attendre la fin de l'orage.

— *O rage...* ô désespoir !.. interrompit le maniaque.

Octave se disait de son avis : être bloqué par l'averse n'avait rien de drôle. Mais, patience ! il connaissait un moyen d'abréger l'attente.

Et, ouvrant la porte de la salle à manger :

— Un moyen exquis... souverain... infaillible...

Il disparut un instant, puis revint, apportant un plateau de laque et deux verres à liqueur.

— Un moyen... tu vas m'en dire des nouvelles... qui me donnera, à moi, le courage de faire un brin de toilette !

Et il disparut de nouveau dans la salle à manger, pendant que Fragery, à la vue des petits verres, entonnait à tue-tête l'air connu :

.Ah ! verse, verse, verse encore...

Dans l'ombre, seulement éclairé par la porte laissée ouverte derrière lui, Octave faisait semblant de chercher à tâtons dans le buffet. Il déplaça plusieurs fois les carafes, un litre entamé ;

et des heurts de cristal, un bruit d'argenterie remuée, se mêlaient à la voix de fausset de Fragery. Tout à coup, plus rien : Fragery, le couplet achevé, rallumait son cigare au-dessus du verre de la lampe, tandis qu'Octave, accoudé d'un bras sur le buffet et son menton dans une main, ne remuait plus, hésitant et peureux de nouveau. Puis, d'une voix mal assurée, il murmura, comme se parlant à lui-même :

— Tiens ! elle est bonne ! Rien dans la bouteille !... Ne pas s'être souvenu que nous l'avons achevée l'autre soir : oh ! ma tête !... D'ailleurs le mal n'est pas grand : on va descendre à la cave...

Enfin, comme Fragery, cette fois, lui répondait du latin : « *Cave ne cadas*... Non, vieux ! Ne va pas te déranger pour moi ! » Octave reparut, une bouteille vide à la main. Et, avec un aimable sourire, car il venait de retrouver son assurance :

— C'est moi qui vais te déranger, mon bon... Parfaitement ! Prends ce bougeoir et suis-moi... J'ai besoin que tu m'éclaires.

Fragery, obéissant, se leva, alluma le bougeoir, puis, avant de suivre son ami, remit sa ceinture au magot, instinctivement.

— Mais je n'emporte pas mon pistolet !

Et il se mit à rire, avec béatitude, en désignant

le revolver-bijou, son emplette, resté sur la table.

— Eh ! risposta Octave sans sourciller, tu as tort : sait-on jamais ce qui peut arriver !

VI

Quelques marches seulement. L'hôte descendait le premier, la bouteille vide à la main ; le visiteur, ensuite, portait le bougeoir.

Le premier n'en finissait plus de mettre la clef dans le cadenas. Sa main tremblait. Mais il vantait à l'autre, avec tranquillité, les mérites de la fine-champagne qu'il allait lui faire goûter : de la vraie, et ça vous avait un arome ! Un de ses collègues, aux cultes, propriétaire dans le pays et qui la fabriquait lui-même, lui en avait cédé un petit tonneau. Malheureusement, le baril était sur sa fin.

— Va, ça ne fait rien... Tu me le soulèveras par le fond, toi qui es fort, pendant que je tournerai la cannelle... Il viendra ce qu'il viendra...

Octave Maublanc chancelait, en entrant, comme

un homme ivre. La première cave, celle du charbon et du bois, était spacieuse ; et tout ce noir, que la lueur vacillante de la bougie pénétrait mal, l'impressionna. Mais, s'effaçant pour laisser passer Fragery, il resta près de la porte, à écouter. Une horloge lointaine sonnait dix heures. Puis, un grand silence : la pluie devait avoir cessé.

— Est ce qu'on n'a pas marché ?... Tiens, là-haut, dans le jardin ?...

Jardins de l'Alcazar... délices des rois Maures,

entonna aussitôt Fragery.

— Tais-toi !.. Il me semble que le gravier a crié...

— Crié ! comme tous les mauvais chanteurs, mon bon !

Octave ne répondait rien. Vivement contrarié, il venait de se rappeler que l'espèce de maillet en fer dont il allait avoir besoin, était resté dehors. Oui, il s'en était servi tantôt, pour émietter une énorme pierre de taille encombrante, dont il voulait tirer les matériaux d'une rocaille, et ne l'avait plus rentré. Sans maillet, que faire? Sur le point de renoncer à son projet, il finit par dire :

— Minute !... Si l'on a marché, je sais bien qui c'est... Une dame, des plus aimables, vient quelquefois... comprends-tu ? Laisse-moi aller voir si c'est elle...

Il ne fit qu'un bond jusqu'au jardin, redescendit tout de suite au sous-sol.

— Pas la moindre dame !.. Je m'étais trompé.

Une de ses mains, derrière le dos, tenait le maillet de fer.

Le resta alla tout seul, se fit très vite. A l'insu de Fragery, Octave déposa son maillet, sans bruit, dans l'angle le plus noir de la première cave, Puis il ouvrit le cadenas de la cave à vins, et, prenant le bougeoir à son tour, passa le premier, descendit les trois nouvelles marches. Plus longue que large, étroite et sans lucarne, cette seconde cave s'étendait comme une sorte de cercueil, enfoui. A terre, quelques bouteilles couchées, poussiéreuses et vides. Tout au fond, un peu exhaussé sur deux bûches, un fût, qui avait contenu de la bière. Il déposa le bougeoir sur une sorte de niche, creusée dans la pierre, à hauteur d'appui, s'effaça pour laisser entrer Fragery.

— Mazette ! Pas grand, ton caveau ! s'écria Fragery. Mais bah ! Pour ce que tu veux en faire...

Et se baissant vers le fût :

— C'est ça, ta fine ?.. ta surfine ?... Attends, je vais te la soulever par le fond des jupes...

La clarté de la bougie lui tombait en plein sur le crâne, son crâne difforme, tout en longueur, aux cheveux rares ; et son front semblait ne plus finir, sanguin et lisse, comme de l'ivoire qui serait rose. Octave était derrière lui, tenant à pleines mains le maillet secrètement apporté de la première cave. Et, au moment où Fragery commençait à soulever le fût, en disant : « Il ne l'est plus, s'il le *fût* », le maillet, sournoisement levé au-dessus de sa tête, dans l'ombre, s'abattit sur l'ivoire rose, qu'il défonça, avec un bruit mou. Le malheureux s'affaissa sur lui-même, en ravalant son dernier calembour. Un gémissement de rage étouffé, une plainte faible qui ne parvint pas à lui sortir de la gorge ; quelques convulsions courtes sur le sol, des battements de pieds, dont un, frôlant le genou d'Octave, lui causa une douleur légère. Puis, plus rien, que le sang continuant à jaillir de l'affreuse blessure, en glouglous déjà affaiblis, espacés.

VII

Octave enterra le corps sur place, avec vêtements, bijoux, chaîne et montre, bague, chapeau, parapluie ; avec la ceinture, d'où il se contenta d'extraire les cinquante mille francs. Il poussa la prudence jusqu'à lui laisser son porte-monnaie, garni de quelques pièces blanches.

Quinze ans après, Jean Fragery est encore là, oublié. Et l'assassin n'a jamais été découvert. Enrichi par d'intelligents placements, devenu propriétaire du pavillon qu'il n'a cessé d'habiter, Octave maintenant a sa retraite. Il jardine toujours, se porte à merveille, vit bourgeoisement tranquille sur la Butte, semble parfaitement heureux. Depuis que, sous prétexte de consolidation, il a fait combler et murer l'arrière-cave, il se croit redevenu « un honnête homme ».

Juillet 1888.

PRODUITS DU MIDI

LE SYSTÈME LE PLAY

Cinq heures du soir. Le soleil baisse et « le Cours », d'un bout à l'autre, est obscurci par l'ombre, opaque et triste, de sa quadruple allée de platanes touffus. Çà et là, devant le café des Officiers, et devant son rival, le café des Quatre-Billards, et devant la porte de sept ou huit cercles, on ne voit que des tables, des chaises, bouleversées; chassés par le mistral, aigre et froid comme en hiver, les flâneurs les plus endurcis viennent de partir. Morne, sévère, glacial, le Cours se trouve désert. Seule, une petite bonne, en bonnet blanc et aux bas bleus, remplit sa cruche à la Fontaine-Chaude, qui fume.

Sur l'aristocratique allée du Nord, plus froide et plus morte que celle du Midi, qu'ont adoptée la basse bourgeoisie et « le peuple », voici pourtant venir trois messieurs de la société.

Ils marchent à pas comptés. Celui du milieu porte la tête comme un saint-sacrement. Que se passe-t-il dans cette tête ? Tous les cinq pas, le solennel promeneur fait une pose, et, arrêtant par le bras ou le bouton de la redingote un des deux autres, laisse tomber quelques mots, comme un oracle. Puis, avant de se remettre en marche, il tourne vers le troisième « son ostensoir », qu'il conserve un moment penché, dans une posture de méditation suprême.

Porteur de « la particule », qu'il s'est donnée lui-même, jouissant d'une jolie aisance, conservateur et légitimiste dans l'âme, secrétaire perpétuel de l'Académie de Sisteron, de l'Institut Agricole de Mimet, de plusieurs autres illustres Sociétés Savantes, vice-président du Cercle de l'Ordre, conseiller municipal sous Napoléon III et le régime de l'Ordre Moral, ce personnage, auteur de brochures, de mémoires, d'articles parus dans les journaux cléricaux de la région, se donne beaucoup d'importance, s'intitule publiciste, « homme de lettres », croit surtout « être un penseur. » Ce ne sont que les pensées d'autrui qu'il rumine. Il vit, depuis trente ou quarante ans, sur « le système Le Play », quelque chose de pas large et d'inutile. N'importe, depuis trente ou quarante ans, pendant les trois cents soixante-cinq jours de l'année, se promenant du matin au soir sur l'aristocratique allée du Nord, chaque fois qu'il arrête un autre conservateur par le bras ou le bouton de la redingote, ce profond penseur découvre, tous les cinq pas, une nouvelle beauté « du système ».

MÉNIER II

A leur insu, les célébrités parisiennes dont les noms sont dans toutes les bouches, exercent une action puissante sur certaines existences provinciales. Chaque événement de la vie d'un grand homme rayonne providentiellement au fond des sous-préfectures les plus reculées, et, par contre-coup, bouleverse de modestes destinées.

Pécout vint au monde dans une étroite ruelle de Toulon, non loin du port.

Contre le mur d'en face, au milieu de la ruelle, quand il commença à lire, Pécout épela les grosses lettres noires d'une réclame, qui recommandait un certain chocolat : « le seul qui blanchisse en vieillissant ». Aussi, ses études commerciales achevées, Pécout se fit chocolatier.

Pendant quinze et vingt ans, Pécout, sur

le port, à Toulon, fut le plus heureux chocolatier du monde. Il fabriquait. Il vendait au détail, du chocolat cru, ou cuit, à l'eau, au lait, avec des brioches chaudes. Ses affaires prospéraient. Il épousa une belle fille, saine et sage, lui fit de beaux enfants. Et il s'endormait le soir, le cœur léger, se disant que la vie, après tout, n'était qu'un bâton de chocolat praliné, qu'il s'agissait de laisser fondre, le plus lentement possible, dans la bouche.

Tandis que Pécout continuait ainsi à vivre heureux, — en ce temps-là, un peu après la guerre de 1870, — que faisiez-vous, dites-moi, de vos après-midi et de vos veilles, ô monsieur Yves Guyot, alors futur député, futur ministre? Vous écriviez, avouez-le, pour M. Ménier son livre de l'*Impôt sur le capital*. C'est-à-dire que, sans vous en douter il est vrai, vous travailliez dans l'ombre à la perte de Pécout.

Un jour néfaste, Pécout, dans les prospectus que M. Ménier lui envoyait régulièrement deux fois l'an, trouva encartée une petite feuille blanche, annonçant le grand ouvrage du propriétaire du plus bel hôtel du parc Monceaux. Puis, le semestre suivant, comme l'*Impôt sur le capital* ne s'était guère vendu en librairie, Pécout en reçut gratuitement un exemplaire tout neuf. Dès le soir même, Pécout mit le nez dans ce livre, en coupa soigneusement les feuillets, fut un homme perdu. Il lut et relut cette prose froidement correcte, inoffensive pour tout autre, et s'imagina l'avoir écrite lui-même. Méconnaissable, mordu au cœur par l'ambition politique et littéraire, il rêva dès lors les plus hautes destinées. Élu d'abord conseiller municipal de Toulon, il échoua quatre fois au Conseil général, fit de mauvaises affaires. Et sa femme le cocufiait, son fils aîné mourut en Tunisie, sa fille tourna mal. On a fini par lui vendre sa chocolaterie par autorité de justice.

Enfin, l'autre année, M. Ménier, de Paris, étant mort, Pécout abattu, déraciné, comprit que sa destinée était accomplie en ce monde.

Ménier II, de Toulon, vient de casser son bâton de chocolat.

MONSIEUR LAPIERRE

Mon père était avoué. « L'étude », une grande pièce profonde, par son unique fenêtre, aux vitres dépolies, recevait une lumière terreuse. Les paperasses, empilées contre les murs, dormaient dans leur poussière. Plusieurs générations de rats avaient niché derrière les rangées de vieux registres jaunis. Çà et là, dans les angles, les araignées épaississaient leurs toiles. Près de la fenêtre, sur une longue table vermoulue, un peu boîteuse, deux pupitres se trouvaient cloués : le mien et celui de l'unique clerc, « M. Lapierre ».

M. Lapierre était l'âme de la vieille étude obscure et poudreuse. Son visage avait le jaune des paperasses. Sa redingote râpée dégageait, elle aussi, l'odeur du moisi et du renfermé. Je crois revoir son profil sec et anguleux, se détachant sur une barbe noire et souple, qu'il mâchonnait sans cesse. Sa longue taille déviée n'en finissait plus. J'entends toujours sa voix de basse et son rire forcé, nasillard, qui, à la longue, lui avait creusé un pli entre le front et le nez. Je me souviens de ses moindres manies, de la grosse bague qu'il portait au petit doigt, de la rage qu'il avait de se nettoyer les ongles avec la pointe du canif, avec les plumes, les crayons, tous les corps pointus qui lui tombaient sous la main. Dans l'étude, il se mettait de grandes manches de lustrine noire, luisante, pour économiser celles de sa redingote. M'a-t-il construit des boîtes à mouches, découpées à jour, et de microscopiques cocottes en papier ! Il me serait aussi difficile d'oublier la règle de trois, ou la déclinaison de *rosa, la rose*, que la perruque plate et mal faite qui enveloppait comme une calotte le crâne de M. Lapierre et lui donnait son air de cuistre hypocrite, crasseux. Je n'ai jamais su son âge exact. Pas un poil de sa barbe ne grisonnait, d'ailleurs il devait la teindre. Sa démarche restait vive, alerte. Il avait beau me raconter d'interminables histoires puériles, bébêtes, et jouer aussi avec moi, passer des heures à contempler le vol excentrique des pauvres mouches dans le ventre desquelles nous avions enfoncé des pailles ou de petits drapeaux en papier : le clerc m'a toujours paru décrépit comme l'étude, repoussant comme les registres hantés par les rats, desséché comme les parchemins raccornis de vétusté.

J'avais dix ans. On venait de me mettre au latin. Matin et soir, je passais deux heures au collège de la ville. Là, je ne m'ennuyais pas trop.

Les quatre murailles, blanchies à la chaux, de notre classe ne manquaient pas d'une certaine gaieté, percées qu'elles étaient de deux larges fenêtres, ayant vue au loin sur la campagne. Notre professeur aimait à laisser ces fenêtres grandes ouvertes. Sa voix était souvent couverte par les criailleries des moineaux, qui voletaient dans les platanes de la cour.

D'ailleurs, j'écoutais beaucoup moins l'explication de l'*Epitome Historiæ Sacræ* que les conversations de certains camarades. Plus âgé, plus instruit que moi, mon voisin de gauche m'apprenait certaines choses, en chuchotant; et, à mesure que tout ce savoir extra-universitaire me coulait dans l'oreille, je m'empressais de le repasser à mon voisin de droite. Celui-ci, moins précoce et ayant la mauvaise chance d'être placé à l'extrémité du banc, m'avait pour unique initiateur.

La classe achevée, nous prenions notre volée

avec des bonds de joie, de grands cris bruyants. Nos jambes, d'elles-mêmes, couraient, impatientes de secouer deux heures d'immobilité. Et nous rentrions par le plus long chemin.

Moi, je passais hors la ville, le long des vieux remparts couverts de lierre. Là, j'oubliais tout, les enseignements du professeur, même ceux des condisciples. Que de délicieuses heures employées à gaminer, à lancer en l'air des pierres, qui se perdaient un moment dans l'azur. Hélas ! la chute arrivait, pourtant. Et moi, je m'imaginais retomber comme elles sur la terre, lorsque je me retrouvais dans l'étude obscure, étouffante ainsi qu'une prison.

Cependant, en face de la fenêtre de l'étude, une jeune fille de dix-sept ans, fraîche, jolie, un peu rouge de teint, chantait du matin au soir. Puis, pendant trois jours, elle ne fit que pleurer à chaudes larmes, silencieuse, nous regardant, M. Lapierre et moi, d'un air désolé. Son père, qui tenait au rez-de-chaussée un petit débit de liqueurs, l'avait battue en s'apercevant qu'elle était enceinte. Puis, elle se sauva ; jamais plus nous ne l'entendîmes chanter ; l'étude me parut un sépulcre. Et, je ne l'ai su que longtemps après : c'était M. Lapierre qui l'avait engrossée.

LE COLÉOPTÈRE

De noir habillé, généralement, très propre, chétif et piètre dans ses vêtements brossés jusqu'à la corde, qui lui font autour du thorax comme une gaine luisante, celui-ci appartient évidemment à la classe des insectes. Visage de moine espagnol, émacié, pâle comme un *ecce homo*, il n'a que la peau et les os. Ses jambes effilées, ses bras minces, sont des pattes, qu'un enfant lui arracherait. Au lieu d'être soutenu par un système de vertèbres, son corps est sans doute divisé par des anneaux ou par étranglements.

Doué d'une constitution ainsi étriquée, où la nature semble avoir voulu économiser la matière, « le coléoptère » est d'une avarice de fourmi. Sans besoins, vivant d'un verre d'eau, de quatre noix et d'une bouchée de pain, il couche dans une soupente, n'use jamais ses habits : pourquoi thésaurise-t-il ? Une paire de bottes, qu'il cire avec un cirage de sa fabrication et raccommode lui-même, lui dure cinq ans.

Il est prodigue de paroles. Le plus merveilleux bavard que je connaisse. Jamais à sec de salive, ni à court de récits à dormir debout. De même, par la canicule, la cigale, de tout son corselet sonore, vibre du matin au soir. Au bout d'une phrase, lui, parfois, laisse entendre la crécelle de son petit rire fin, rappelant la note discrète et mélancolique du cri-cri.

Au demeurant, « le coléoptère » n'est pas un mauvais compagnon. Mais il ne faut pas avoir de questions d'intérêt à débattre avec lui. L'argent est sa passion. Pour de l'argent, son sang, à coup sûr blanc et froid, se mettrait à bouillonner et l'animal deviendrait féroce.

Célibataire endurci, il a fini par convoler sur le très tard, lorsque, malgré sa vertu prolifique d'insecte, il a été sûr de ne plus avoir d'enfants.

LE DUC DE SAINT-SIMON

« Le duc » n'est plus. Mort l'hiver dernier, de la goutte. Hier, jeudi, à la musique, pendant que les cuivres et les clarinettes pleurnichaient le *Miserere* du *Trouvère*, j'écarquillais en vain mes yeux pour le voir. Devinant ma préoccupation, un naturel du pays m'a appris la funèbre nouvelle.

Tu ne m'étais rien, infortuné duc de Payan-Saint-Simon. Et je n'ignore pas que tu n'étais ni *duc*, ni *Simon*, ni *Saint*. N'importe, ta fin me fait quelque chose, ô Payan tout court. Tu me manques. Ton absence étend pour moi un crêpe sur la typique petite ville, dont tu personnifiais un des principaux travers, où tu réalisais le spécimen, le plus gai, le plus naïf et le plus complet, de la « nobliomanie ».

Ici, ceux qui sont très vieux, se souviennent

encore d'une modeste boutique, qui, au commencement du règne de Charles X, existait encore, à l'angle de la place du Marché-aux-Bestiaux. Une vieille enseigne noire, rongée par le mistral et par la pluie, portait, depuis tout un siècle, ces mots : *Payan, père et fils, chapelier*. Là, les jours de marchés, les cultivateurs et les bouchers qui avaient conclu une bonne affaire, venaient acheter le feutre noir des beaux dimanches, ou quelque chapeau de paille aux larges ailes, pour leur fille ainée, désireuse de trouver un épouseur au bal du romérage. Le « duc de Saint-Simon » est né dans cette échoppe, où son père ne vendait que des chapeaux de pacotille. Mais il ne parlait jamais de son brave homme de père, lui, le duc. En revanche, il avait à chaque instant la bouche pleine des faits et gestes de son oncle, soldat de fortune, parti dans la grande levée de 92, puis mort en Espagne, sous Napoléon Ier, avec le grade de général. « Mon oncle de Payan par-ci ; le général de Payan par-là ! » Et, religieusement, dans un cabinet spécial de son habitation, le duc vous montrait les reliques de l'oncle: des ordres du jour encadrés, des croix, et surtout, sur un large coussin de velours, une épée du luxe à poignée d'or massif magnifiquement sculptée, avec incrustations de diamants, dont on lui avait offert, disait-il, « cent mille francs ».

Tant que le chapelier survécut au général, le jeune Payan dut filer doux. Le rude travailleur n'entendait pas que son garçon restât sans rien faire. Il lui aurait cassé « l'épée de cent mille francs » sur la tête. Tout ce que le descendant d'une dynastie de boutiquiers put obtenir, ce fut de rester libre sur le choix de la profession à embrasser. Caressant déjà, en secret, de beaux projets, n'ayant plus l'âge d'entrer à Saint-Cyr, il se fit « douanier à cheval », dans ce qu'on appelait « les droits réunis ». L'emploi n'était pas très relevé. Mais ce qui le distinguait des vulgaires « rats de caves », il lui fallait monter beaucoup à cheval : or, le cheval est la plus « noble » conquête que l'homme ait faite sur les animaux, d'après Buffon. Plus tard, il pourrait au moins raconter « qu'il avait servi dans la cavalerie ».

Le père Payan mort, le fils quitta les douanes, et, sa petite fortune réalisée, commença par prendre la simple particule. Puis, une vieille masure qui avait jadis appartenu à la famille de Saint-Simon, l'auteur des *Mémoires*, se trouva à vendre pour un morceau de pain.

Payan l'acheta, puis disparut, habita quelque temps Paris, d'où il revint avec de belles cartes de visite, sur lesquelles il s'intitulait « de Payan de Saint-Simon ». On le plaisanta dans la petite ville. Piqué au vif, mais plus âpre à la poursuite de son but, il repartit. Son absence cette fois, se prolongea, dura quelques années. Un beau matin, il reparut, devenu carrément « duc de Payan-Saint-Simon ». Enfin, plus tard, comme noblesse oblige, il s'enferma une saison, tout seul, dans sa masure, afin d'écrire, à son tour, des « *Mémoires* ».

Ces « seconds » *Mémoires de Saint-Simon*, je viens de les relire. Comme les premiers, dans un autre genre par exemple, ils sont un monument impérissable. A chaque page, à chaque mot, éclate qu'ils sont écrits par une plume d'oie, imbibée d'une encre d'orgueil. Plus l'esprit qui a pondu ces pauvretés est terre-à-terre et peu compliqué, facile à démonter comme ces coucous de quatre francs dont le tic-tac rudimentaire fonctionne à jour, mieux apparaîssent la vanité amusante du but et les puériles prétentions d'un fat. Avec des réflexions dignes de M. de la Palisse, et des pensées morales, des apophtegmes solennels, mais neufs comme : « deux et deux font quatre, » le nouveau Saint-Simon raconte les campagnes et blessures de l'oncle; puis, passant à sa propre odyssée, il se pose en « homme considérable ». Il décrit ses voyages, ses aventures, ses hautes amitiés, ses grandes relations, son expérience de la vie, son habitude des cours. Cours de Gérolstein et de

Monaco ! Familiarités, services confidentiels, tutoiement d'un prince de Brunswich : cela pendant quatre cents pages. Enfin, le bouquet, c'est l'histoire de ses bons rapports avec les divers membres de la famille Bonaparte. Madame Ratazzi est pour lui « comme une sœur ». Le prince Napoléon le supplie de demander la croix de la Légion d'honneur. Lui, « peu courtisan », ne se laisse pas fléchir. Oh ! pour une raison : « Le duc de Payan-Saint-Simon était trop en froid avec l'Empereur ! » Et le froid ne datait pas d'hier, remontait à l'époque où Louis Napoléon, encore président de la République, signa le décret inique de la confiscation des biens de la famille d'Orléans. Signature que le duc « n'a jamais pardonnée à Napoléon III ». Et il ajoute que, le matin où on lui présenta le décret à signer, à Biarritz, le prince, très perplexe, trempa sa plume dans l'encre, commença l'N, première lettre de son nom, puis, tout à coup, reposant la plume, s'écria :

— « Qu'en dira Payan ? »

En relisant ces bourdes monumentales, j'ai cru revoir mon pauvre duc. Avec un parfait sérieux et une déconcertante conviction, il en débitait d'autrement fortes. Sur sa personne aussi, tout était menteur, artificiel et pour la galerie. Paraître : on sentait que c'était tout pour lui. Sur ses quatre-vingts ans, sanglé dans un corset, on l'eût pris pour un jeune homme. Pantalons clairs, souliers pointus à la mode, jaquette bleue à boutons de métal. Chevelure d'un noir improbable, artistement ramenée. Teinte également, sa barbe présentait des nuances exquises, passant du gris perle au groseille bleuté. En somme, pas un mauvais homme. Ses travers ne portaient tort qu'à lui. Il était inoffensif. Très poli, très serviable même, à l'égard de ceux qui avaient la délicatesse de ne pas contrecarrer ses manies. Par exemple, si on allait lui rire au nez, il entrait dans une colère blanche, comme les monomanes dont on contrecarre la toquade. Et les rieurs, pour le moins aussi sots dans un autre genre, avaient tort. Poussée à un certain degré de profondeur et d'inconscience, de *doigt dans l'œil*, la bêtise ne fait plus rire. On devrait lui tirer son chapeau, en l'admirant plutôt, en l'enviant presque.

Malgré « son château » de Saint-Simon, malgré « l'épée de cent mille francs », le duc n'était pas riche. Souvent, la saison de la villégiature arrivée, il était obligé, par économie, de se retirer dans le plus strict incognito, au fond d'une petite ferme qu'il possédait du côté de Manosque. Au moins, les apparences étaient-elles sauvées : si vous alliez le demander à son domicile en ville, le concierge, bien stylé, répondait invariablement :

— Monsieur est aux eaux...

— Son adresse ?

— Impossible ! je ne la sais pas moi-même... Monsieur est tantôt à Biarritz, tantôt à Luchon, tantôt à Trouville... ou en Italie... Mais si monsieur a une lettre pour monsieur, qu'il me la remette : je ne tarderai probablement pas à avoir une occasion....

On remettait la lettre. Dès le lendemain, le duc la recevait : à Manosque.

Une année, après quatre mois d'économie secrète à Manosque, de retour à Saint-Simon, le duc voulut donner une fête historique. Il invita l'archevêque, le préfet, le recteur, le premier président. Au dessert, pendant qu'on servait le café, il s'esquiva une minute. Un peu après son retour, on entendit tout à coup éclater, sous les fenêtres du salon, un hallali, comme dans les anciens châteaux. Surprise feinte des invités, qui, ne prenant nullement le change, devinaient que leur amphytrion était allé poster lui-même ses joueurs de cor. Soudain, ceux-ci cessèrent de jouer ; et « les vassaux » de M. de Saint-Simon, grossis du jardinier et des domestiques, se mirent à crier avec un enthousiasme bien réglé :

— Vive monsieur le duc !

Peu importait de faire illusion à l'archevêque, au premier président : le sublime, c'était de se faire illusion à soi-même. Ce vieux ramolli a vécut heureux.

LA JUGE DE PAIX

Au milieu d'une bouffée de vent glacé, le vacarme des trombones, des cuivres, éclata. Toute la petite ville était là, sur le Cours, se pressant autour des musiciens du 13ᵉ de ligne, rangés en rond. Et ce ramassis de dilettanti paraissait désappointé. Des rafales déchiraient les sons : les masses lourdes et résistantes s'entendaient seules, par instants; mais les récits délicats des clarinettes, les douceurs des hautbois et toutes les floritures des petites flûtes étaient emportées bien haut, avec la poussière, en tourbillons.

J'ai eu froid. Mon manteau, mon cache-nez et mes gants, me garantissaient bien assez : mais j'ai vu des enfants grelotter dans les bras de leurs bonnes, distraites, elles, par la garnison. J'ai eu froid de leurs petits nez rouges, de leurs mignonnes mains bleuies. La lumière terreuse que tamisaient les nuages sur tout ce monde endimanché, m'a également transi. Puis je souffrais pour ces pauvres diables de musiciens, qui eussent plus volontiers soufflé dans leurs doigts que dans leurs instruments. Jamais je n'ai trouvé aussi lamentable l'éternel « *Miserere* » de Verdi. Pendant le quadrille d'*Orphée aux Enfers*, les trémoussements de cette musique de Mardi-Gras m'ont paru funèbres comme des entrechats de squelettes. Dès l'avant-dernier morceau, j'ai dû rentrer et faire « par convenance » une apparition dans le salon de mon grand oncle. La maison de mon grand oncle jouit de l'avantage d'être située sur le Cours, à côté même de la demeure du colonel, voisinage qui nous vaut le dimanche et le jeudi, la musique militaire sous nos fenêtres.

J'ai trouvé au salon, quatre dames en grande toilette, que ma gaucherie timide a dû saluer. Elles quittaient à peine le balcon, où le plaisir de se montrer leur avait fait braver la bise. Leurs visages en étaient renfrognés, et furtivement de leur mouchoir de batiste, elles frottaient le bout de leur nez, tout violet. Sur un regard significatif que m'a décoché ma grand'tante, je me suis accroupi devant la cheminée, pour garnir de braise quatre chaufferettes, que j'ai galamment placées moi-même sous les bottines de ces dames.

J'ai terminé par « la Juge de paix. » Cette haute dame, par la taille, ne fait à mes grands parents l'honneur de les fréquenter, que depuis son « froid » avec la colonelle, notre voisine, chez qui elle allait jadis entendre la musique, avec les autres « autorités » de la ville. La manière brusque et tyrannique dont sa jambe s'est abattue sur ma chaufferette m'a donné à songer. Sa robe, un peu soulevée, a révélé un mollet court et matériel, un mollet de quarante ans. Et les pieds se sont lourdement étalés, en pieds de parvenue, gonflés d'orgueil et crevant de sottise, dans leurs bottines de soie.

Pourtant, le soir, à dix heures sonnant, dans mon lit — comme je suis très jeune, on me force à me coucher à cette heure-là — j'ai subi une longue et fatigante insomnie, pendant laquelle, tout le temps, je revoyais en imagination le bas des jambes de la Juge de paix. Et je n'ai eu qu'une idée fixe : toucher, embrasser, presser sur mon cœur, cette paire de mollets quadragénaires, courts et matériels.

Septembre 1883.

STANISLAS LEVILLAIN

I

Dans la nuit tombante, sous un ciel sans nuages, doucement bleu, et, çà et là, vers l'occident, fondu de rose, la mer montait. Blanche et laiteuse, moirée à l'horizon d'un mince ruban d'azur veiné d'orange, elle montait paresseusement. On entendait le murmure de ses vagues lourdes comme de l'huile, qui n'en finissaient plus de recouvrir la ligne noire d'un banc d'algues éloigné.

— Mais c'est plein de petites bêtes, sur ce sable ! s'écria tout à coup Mlle Cécile Baton effarouchée... Maman, moi, je ne reste pas plus longtemps !

Et la jeune fille se releva vivement, en secouant ses jupes, en s'enfonçant les mains dans le cou. Mme Baton, émue de l'émotion de sa fille, en fit craquer le pliant à dossier qu'elle écrasait de sa corpulence.

Un jeune homme d'une vingtaine d'années eut beau prendre sa voix la plus rassurante :

— Ça ne mord pas, mademoiselle... Ce ne sont que des puces de mer.

— Stanislas ! fit Mme Levillain, à son fils, avec toute sorte de gestes significatifs. Cours à la maison... chercher...

Stanislas comprit, partit en courant et revint avec une énorme chaise ancienne, à pieds très élevés, sur laquelle Cécile se jucha prudemment, ses jambes maigres accrochées au plus haut barreau, le dos tourné à la mer. Stanislas s'assit de nouveau sur le sable, devant celle qu'il brûlait d'épouser, et, le menton appuyé sur ses deux genoux relevés, resta perdu dons une contemplation béate. Son père, tailleur retiré de Caen, dont le nom « Léon Levillain » embellit encore une enseigne de la rue de Saint-Pierre, s'endormait un peu plus loin, son chapeau de paille sur les yeux.

Mais l'oncle Mériel ne dormait pas, lui, malin, ingénieux, il était en train de se creuser dans le sable, tout à côté des dames, un grand trou, où il serait comme dans un fauteuil, pour fumer sa pipe et pour taquiner en même temps, de mille agaceries sournoises, la mère Baton, bien connue de lui quand il passait à Rouen, autrefois, lorsqu'elle vendait, place Saint-Maclou, ses parapluies et ses ombrelles.

— Vous n'êtes pas trop fatiguées, au moins, de votre voyage ? demanda Mme Levillain.

— Mais, ma sœur, s'écria l'oncle Mériel, voilà dix fois que tu rabâches la même chose. Que diable ! ces dames n'ont eu que cinq heures de chemin de fer... Moi, je suis bien allé une fois tout d'une traite de Caen à Marseille... pour mes affaires... et le soir, à une heure du matin, je me promenais encore sur la Cannebière... pour mon plaisir.

— Oh ! vous ! dit Mme Baton en bâillant. Votre sœur a raison... Nous ne nous retirerons pas bien tard, Cécile ?

— Quand tu voudras, maman... répondit la jeune fille. Ce qui m'a paru long, aujourd'hui, c'est seulement l'omnibus de Caen à Saint-Aubin... Les coussins du coupé étaient d'un dur !...

Maintenant, il faisait nuit. Sous le ciel sans lune encore, mais transparent et limpide comme un ciel d'Italie, et criblé d'étoiles, la mer montait toujours, insensiblement. Au bout du sable, on voyait ses premières vagues, des vagues nonchalantes de Méditerranée amoureuse, soulever des barques de pêcheurs amarrées, de là semblables à des berceaux noirs doucement remués.

Puis, très loin, au ras de l'horizon, à des lieues dans la nuit, le phare de la Hève scintillait, comme une étoile qui se serait laissée glisser sur les flots.

— Est-ce cher, la vie, à Saint-Aubin ? demanda Mme Baton.

— C'est selon... opina Stanislas. On n'est pas volé comme à Trouville, au Tréport, à Dieppe, là où vont les millionnaires parisiens, les actrices...

Mais Mme Levillain coupa la parole à son fils pour donner des détails circonstanciés. Poisson, viande, laitage, herbages, fruits, elle passait tout en revue, comparant les prix de Saint-Aubin avec ceux de Caen, indiquant comment il fallait marchander, les endroits et les jours où l'on pouvait « faire des coups. »

— C'est bien cela, approuvait la grosse Mme Baton, de la tête et de la poitrine.

Et, voulant placer son mot, elle s'adressa à son futur gendre :

— Les hommes ne se doutent pas, eux, du mal que nous nous donnons, nous autres, bonnes mères de famille...

Stanislas contempla plus béatement Cécile. Toujours perchée sur la chaise haute, celle-ci, à chaque instant, remontait sur les barreaux ses longues jambes, minces comme des pattes d'insecte.

Mme Levillain se lamentait encore, d'un ton pleurard, sur la cherté de tout depuis la guerre. Pour les infortunés rentiers, Saint-Aubin devenait inhabitable. Elle qui en était, de Saint-Aubin, ayant passé toute sa jeunesse dans leur petite maison de la rue des Dunes, où ils avaient été jusqu'à vingt-quatre enfants.

— Vingt-quatre ! fit Cécile, stupéfaite.

— Oui, mademoiselle et madame : vingt-quatre !... Aussi, le roi Louis-Philippe accorda une pension à ma mère...

Eh bien ! elle ne reconnaissait plus son Saint-Aubin. Autrefois, à peine cinquante baigneurs, tous Normands des environs encore ! Tandis qu'au recensement de la saison dernière, on avait compté jusqu'à treize cents étrangers : des gens d'un peu partout, des Parisiens... A Luc, pis ! des Anglais ! Lion et jusqu'à Langrune, à présent, se donnaient le genre d'avoir un casino, un casino où il venait des cocottes.

— Non ! laissez-moi !... s'écria tout à coup Mme Baton. Vous m'avez fait une peur !...

C'était une malice de l'oncle Mériel, qui, du fond de son grand trou dans le sable, tout en fumant sa pipe, s'amusait à jeter des petits cailloux en l'air, sous les jupes de l'ex-marchande de la place Saint-Maclou. Et de rire, tous ; si fort, que M. Levillain père, endormi plus loin, se retourna sur le côté. Lentement, alors, la belle rondeur de la lune apparut au-dessus d'une maison basse de la rue des Dunes.

Elle rasait la mer, de sa clarté pure, dissipant des brumes, faisant pâlir le phare de la Hève et les étoiles. Saint-Aubin se profila en noir, dentelant le ciel de ses toits, de ses cheminées, de la flèche grêle de l'église. Sur la plage, encore dans l'ombre, tout restait vague. A deux pas, les cabines, alignées, semblaient quelque procession mystérieuse arrêtée. Des voix s'éloignaient, des rires de jeunes filles s'éteignirent. Des couples encapuchonnés passèrent silencieux, disparurent. Un chien cessa d'aboyer. Maintenant, de toute la côte allongée dans le noir au loin, c'était un recueillement, quelque chose d'à la fois engourdi et passionné, comme une attente. La mer montait encore.

Les Baton et les Levillain, ramassant déjà les sièges, allaient partir, sans se retourner. M. Levillain père, le dormeur, se leva plus vite que les autres, éveillé en sursaut par une vague, trempé jusqu'au genou. Tout à fait haute maintenant, grandiose, la mer recouvrait la plage à perte de vue.

— Tiens ! fit-il de mauvaise humeur, en se secouant... Tu es donc là, toi !

II

Vers sept heures, le lendemain, le son perçant d'une cloche éveilla Mme Baton et sa fille dans leur chambre de l'« hôtel de la Marine ». Par économie, elles avaient couché dans le même lit.

— Ça doit être ça, dit Cécile, ce que nous a expliqué la mère de Stanislas : la cloche de la criée au poisson.

— Dépêchons-nous, pour ne pas les faire attendre.

Et, pesamment, Mme Baton se laissa glisser la première sur la descente du lit. Autrement coquette que sa fille, de toilette compliquée et savante, à neuf heures et demie elle n'était pas prête. Cécile s'impatientait.

— Mais, maman, tu n'en finis pas ! Ils ne doivent plus savoir...

On a beau avoir cinquante ans sonnés, être alourdie et déformée par l'obésité, défigurée par un teint couperosé, quand on a été la belle marchande de parapluies de la place de Saint-Maclou, à Rouen, il en reste quelque chose. « Monsieur Baton » avait réellement existé, juste assez pour que Cécile, la fille de sa femme, pût naître avec un état civil régulier ; puis, M. Baton eut le bon esprit de mourir, et sa veuve put goûter de plantureuses années de veuvage.

Cécile, elle, dans un coin de la boutique, avait poussé tout en longueur, en maigreur, en sécheresse, brusque d'allures et de caractère, tapant fort du talon en marchant, semblable, dans ses robes disgracieusement courtes, à une de ces ombrelles-cannes dont le manche à virole de fer n'en finit plus. Mme Baton, au contraire, s'était de jour en jour épanouie, en santé, en bonne humeur, en prospérités de toutes sortes. Vers quarante ans, elle en était arrivée à ce luisant et à ce ballonné qu'avaient ses beaux parapluies de soie neufs, tendus et craquant sur leurs baleines, quand les acheteurs les déployaient. Avec ça des couleurs, des sourires, des grâces et un aplomb jovial de commère normande, qui faisait ses affaires, sans bien savoir où finissait le commerce et où commençait la galanterie. Aujourd'hui, la mère Baton ne tenait plus que du riflard. De ce passé regretté, il restait pourtant ceci : une petite fortune. Mlle Céline Baton, l'ombrelle-canne, était un parti.

— A quarante ! glapissait une voix... A quarante-cinq le lot d'équilles... Qui dit cinquante?.. Ça vaut plus... Cinquante-cinq !... Cinquante-cinq centimes...

En attendant qu'on les adjugeât, les petits poissons frétillaient au soleil, sur « la pierre », une longue dalle, placée bas, à l'extrémité de laquelle se démenait le crieur. Et ça se passait au beau milieu du « tissu », sorte de chemin longeant la plage : d'un côté, les maisons de la rue des Dunes, un talus sablonneux ; de l'autre, et tout contre, au bas de petits escaliers en planches ensablés, les cabines ; puis du sable jaune foncé ; enfin, haute comme la veille au soir, la mer. Au haut de deux poteaux parallèles, d'où pendait une corde, — mise en branle par un pêcheur nu-pieds et pantalon relevé au genoux, — la cloche de la criée appelait encore.

Les Levillain étaient là depuis longtemps, tendant le cou à chaque instant dans la direction de l' « hôtel de la Marine », tous les Levillain. Distraite, la mère, son petit filet vide à la main, ne savait pas ce qu'on vendait. A l'écart, le père et le fils, endimanchés, gênés, se regardaient sans rien dire. Seul l'oncle Mériel, arrondissant le dos comme à l'ordinaire, dans sa veste de toile bleue, se faufilait entre les mères de famille matinales, les maris, les enfants, les cuisinières, faisait des niches au crieur, lançait des prix dérisoires, se couchant sur les paniers du pêcheur « pour voir », envoyant tout haut des renseignements à un monsieur qui, d'une fenêtre en face, achetait, tout en se faisant la barbe.

Sur la Pierre, aux équilles argentées avaient succédé des crevettes, puis, des pouparts si laids dans leur carapace grise, des plies, des soles, un grondin rose. Maintenant une grande raie bouclée étalait son ventre aplati, d'un blanc mat allumé de carmin vers les nageoires ; et sa bouche était serrée, une toute petite bouche, mince de lèvres, presque humaine. Chacun se haussait sur la pointe du pied, pour regarder. Tout à coup la raie fut retournée par le pêcheur, et son dos apparut, un dos rugueux, raboteux et superbe, dont les boucles osseuses étaient autant de grosses pierreries noirâtres : opales brûlées, grenats foncés, améthystes sombres, qu'enchassaient somptueusement des montures d'or bruni.

— Deux francs !.. Deux francs vingt-cinq !.. s'égosillait le crieur. Qui en veut à deux cinquante ?...

Mme Levillain, sur les rapports de son frère, s'exagérait même la fortune des Baton. Éblouie par les récits de l'oncle Mériel, qui se flattait de connaître l'opulente veuve « comme sa poche », elle en était venue à vouloir ardemment ce mariage, elle, dont la vie entière avait consisté en épargnes stériles, en économies de bouts de chandelle. Sortie d'une innombrable progéniture, élevée dans la gêne, épousée de bonne heure par un tailleur flegmatique, n'ayant eu en réalité ni enfance ni jeunesse, voilà que, au bout de cette existence raccornie, pour la première fois une passion la secouait : elle était mère ! Pour que son fils unique Stanislas, commis voyageur en dentelles, ne manquât pas cette occasion, ne fît point comme ses parents, qui, eux, après cinquante ans de travail et de privations, étaient à peine arrivés à mettre de côté un morceau de pain pour leur vieillesse, Mme Levillain se sentait prête à tout.

Elle alla brusquement prendre son frère à l'écart.

— Il se fait diablement tard, dis !

Et, comme l'oncle Mériel haussait les épaules :

— Si leur première impression, hier, n'avait pas été bonne ?... Toi qui les connais, tu devrais aller jusqu'à la « Marine ».

— Mêle-toi d'acheter ton poisson, grommela l'oncle Mériel. J'ai déjà mis ton fils dans les dentelles, moi !... Je viens de faire le voyage de

Rouen pour emmancher l'affaire, moi !.. Prends garde que je ne m'en mêle plus, moi !..

Dix heures. Le crieur se taisait et les paniers étaient vides. Les Levillain maintenant, presque seuls autour de la pierre, attendaient encore. Il faisait très chaud. L'oncle Mériel, commençant lui-même à être inquiet, s'essuyait le front.

Un gros bateau de pêche arriva de Courceulles. La cloche de la criée fut remise en branle. Une autre cloche, aux coups sourds et précipités celle-là, appelait, appelait sans discontinuer, au fond du cœur de tous les Levillain. Et l'on vit venir du monde : ce n'étaient pas elles.

La criée recommença. Un bar gigantesque tenait maintenant une grande partie de la Pierre. Et le crieur :

— Il est beau, celui-là... Voilà quinze jours qu'on en demande, du bar... Voyons, combien ?

— Trente sous, dit Mme Levillain d'une voix distraite, désespérée.

Le pêcheur venu de Courceulles s'indigna, rouge, tout en sueur. On riait.

— Madame Levillain ! faisait le crieur, oh ! madame Levillain !

Tout à coup, le visage de la mère de Stanislas s'épanouit. Elle apercevait « sur le tissu » Mme Baton arrivant avec sa fille, Mme Baton en grande toilette, en bleu, en vert, en rouge, en toute espèce de couleurs divinement gaies et voyantes, Mme Baton déployant une ombrelle gris perle.

— A quinze francs ! s'écria Mme Levillain hors d'elle-même.

Et, pendant qu'on lui adjugeait le bar, elle se précipita à la rencontre de Mme Baton, les deux mains ouvertes.

III

Un jeudi soir, après le dîner de la table d'hôte, un petit bal en plein air s'était improvisé devant l' « hôtel de la Marine ». Quatre lanternes vénitiennes, au bout de longs bâtons piqués en terre, illuminaient la ruelle qui coupe la rue des Dunes pour aboutir à la plage. Un orgue de Barbarie composant l'orchestre, jouait la *Fille de madame Angot*. Mme Baton et Cécile, qui venaient de souhaiter le bonsoir aux Levillain, ne montèrent pas se coucher.

Une espèce de collégien, imberbe, blouse serrée à la taille par une ceinture, conduit probablement aux bains de mer parce qu'il avait poussé trop vite, vint inviter Cécile, qui répondit par un bien sec : « Je ne danse pas ».

Et, le quadrille à peine terminé :

— Viens-tu ? fit-elle, en secouant le bras de sa mère.

— Ah ! mais non ! Mme Baton, elle, n'était pas si pressée d'aller se confiner entre les draps ! Depuis quinze jours qu'avait eu lieu la première entrevue, et que Cécile, aussi froide et peu communicative avec sa mère qu'avec Stanislas, ne se prononçait pas, le temps commençait à lui paraître diablement long. Les bains de mer ! Elle s'en était fait une toute autre idée, autrefois, lorsque certaines élégantes de Rouen, au commencement de juillet, lui demandaient quelque ombrelle de soie de nuance introuvable, pour assortir une toilette de plage ! A Saint-Aubin-sur-Mer, pas de fêtes, pas de casino, pas le moindre tourbillon mondain, pour lui faire oublier ses habitudes, ses amies les boutiquières, les cancans du quartier Saint-Maclou. Depuis deux jours surtout que l'oncle Mériel était parti à Caen pour affaires, elle s'était mortellement ennuyée. Aussi, lâchant le bras de Cécile :

— Restons encore un peu, va !

Et quand la maîtresse de l'hôtel vint gracieusement leur apporter des chaises, Mme Baton accepta avec son plus gracieux sourire. L'hôtelière s'assit aussi. Les deux dames se mirent à tailler une bavette.

L'orgue de Barbarie commençait une valse,

langoureusement. A la lueur indécise des lanternes vénitiennes, cinq toutes jeune filles, la tête inclinée sur l'épaule de leur danseur, se balançaient un peu sur place, avant de s'abandonner à la mesure à trois temps. Au bout de la ruelle, à quelques pas, la mer continuait à battre son rythme large. Dans le noir de la nuit sans lune, de premières vagues phosphorescentes montraient furtivement une crête de flamme bleuâtre. Cécile, l'air ennuyé, bâillait.

Tout à coup, elle cessa de se décrocher la mâchoire. C'était ce que racontait madame l'hôtelière de la Marine, « une bonne langue. » Mlle Cécile Baton en apprenait de bleues sur le compte de son fiancé.

Ce monstre de Stanislas. Avec son physique de grand innocent, son air de ne pas y toucher, il avait eu toute une histoire, la saison dernière ; aussi, maintenant, c'était bien fini, et jamais, « au grand jamais », madame l'hôtelière ne croirait encore en un homme. On pouvait dire que le scélérat s'était tout à fait compromis. Et avec qui, grand Dieu ! avec qui ? Certes la réputation de l' « hôtel de la Marine » n'était plus à faire : quatre-vingts couverts à la table d'hôte ! Et c'était composé ! Toujours les mêmes figures, d'année en année ; dame, on s'y trouvait en famille ! et, pour le prix, on y mangeait ! Et des lits ! Madame l'hôtelière, aussi, pendant les quatre mois de la saison, se donnait du mal. Mais enfin, pas de bergerie si bien tenue, où ne se glisse quelque brebis galeuse. Celle-là, arrivée avec un vieux monsieur très comme il faut, portait si bien la toilette et cachait si habilement son jeu les premiers jours, que tout le monde s'y serait trompé. Même un ecclésiastique était resté toute une semaine son voisin de serviette sans se plaindre. Puis le vieux monsieur parti, soi-disant pour vingt-quatre heures, la drôlesse, plantée là, avait brusquement changé d'allures, et c'était alors que Stanislas Levillain...

— Stanislas Levillain? haleta Mme Baton, qui se croyait de retour à Saint-Maclou.

— Monsieur Stanislas? gémissait Cécile.

Mais l'hôtelière s'était levée pour donner un ordre à ses garçons. Puis, au lieu de se rasseoir :

— Si l'on marchait un peu, mesdames?

Et baissant subitement la voix :

— Il faut d'abord que je vous dise...

En avançant dans la ruelle obscure, elle leur chuchota que, la chose ayant eu beaucoup de témoins, elle ne se souciait nullement d'être entendue, ni de passer pour une... Tous les Levillain, d'ailleurs, étaient d'excellentes gens, « si aimés dans le pays, si honorables ».

Maintenant les trois femmes marchaient sur le

« tissu » désert, dans la nuit opaque. Point de gaz à Saint-Aubin, ni de lanternes allumées. On n'y voyait goutte à deux pas. Mᵐᵉ Baton manqua se cogner au poteau de la criée. Mais la mer était phosphorescente. Une infinité de traînées de feu s'allumaient pour s'éteindre et se rallumer sans cesse, vers le bord surtout, où les vagues finissaient en ruissellements d'écume lumineuse. L'orgue de Barbarie faisait toujours danser devant la Marine. A la même heure, il devait y avoir bal en d'autres endroits de la côte. De temps en temps, de quelque casino lointain, une fusée de feu d'artifice mettait une courte lueur blanche dans le ciel. Alors, loin enfin de toute oreille indiscrète, Cécile et sa mère apprirent tout.

Ce débauché de Stanislas, après le départ du vieux, devant une table d'hôte, avait rapproché sa chaise de celle de la cocotte. Les premiers repas, il lui versait seulement à boire, puis s'était enhardi à lui adresser la parole ; et l'on avait tout de suite remarqué leur grande familiarité. Elle surtout, causait haut, ne craignait pas d'attirer l'attention, trinquant bruyamment avec le voyageur de commerce, se penchant tantôt « comme ceci » sur l'épaule du jeune homme pour lui parler à l'oreille, tantôt se renversant en arrière « comme cela » sur le dossier de sa chaise, pour rire à gorge déployée ! Puis, se levant de table en même temps, ils allaient se promener ensemble. Pendant quinze jours, on ne rencontrait qu'eux sur la plage, et à travers champs, et sur les routes, même au casino de Langrune.

Ici, le sifflement d'une fusée coupa la parole à l'hôtelière. On entendit la détonation, nettement. Une petite pluie d'étoiles retombait.

— Langrune ? reprit l'hôtelière, eh ! tenez, c'est là, tout près... à deux kilomètres à peine... Un jeudi de bal comme ce soir, Stanislas et cette femme ne revinrent du casino de Langrune qu'à onze heures, bras dessus, bras dessous.

— Oh !... soupira Cécile.

— Je vous le ferai dire par Jules, un de mes garçons... En traversant le couloir du second, par la porte entrebâillée, Jules a tout vu, tout entendu...

— Quelle horreur ! fit Mme Baton.

— Oui, à minuit, cette femme était dans la chambre de M. Stanislas. Et M. Stanislas... à genoux... lui baisait la main !

Les trois femmes rentrèrent à l'hôtel. L'orgue de Barbarie se tut, et une seule lanterne vénitienne brûlait encore, fumeuse. Mme Baton prit sa bougie, fit monter Cécile devant, et voulut savoir la fin de l'histoire.

23.

La cocotte, dès le vendredi matin, avait été invitée à régler sa note. Elle demanda un délai de trois jours. D'ailleurs, elle put payer dès le samedi soir. Le dimanche, de très grand matin, elle était partie avec un officier.

IV

Mme Levillain semblait courir, ce matin-là, sur « le tissu ». Il lui avait fallu droguer jusqu'à onze heures, à la criée, afin d'avoir « pas trop cher » des brêmes pour son monde. Elle surtout, « qui se donnait tant de mal », commençait à soupirer après le dénouement. Devant la maison, son mari assis, les jambes croisées, sur le sable, raccommodait plusieurs vieux costumes de bains.

— Et les Baton ? fit-elle en s'essuyant le front.

Les Baton n'avaient pas donné signe de vie.

Elles devaient pourtant, ce jour-là, arriver plus tôt. N'ayant pas encore pris de bain de mer, « de leur vie », il était entendu qu'elles « se sauceraient avant le déjeuner ». Sur ces entrefaites, Stanislas revint d'une ferme de Bernières, où sa mère l'envoyait acheter le beurre et les œufs.

— Et les Baton?

Puis l'oncle Mériel arriva de Caen, par l'omnibus.

— Et les Baton?

Décidément, il s'était passé quelque chose.

— Voici les costumes prêts ! dit, en se remettant sur ses jambes, le père Levillain.

Le soleil se cachait. De grandes ombres grises de nuages attristaient la mer.

— La marée ne sera pas toujours haute, grogna l'oncle Mériel. Qu'elles viennent !... D'abord j'ai faim, moi.

Midi. Il n'y eut qu'une voix :

— Stanislas, va voir à « la Marine » !...

Stanislas revint penaud. L'hôtelière ne savait rien. La fenêtre de ces dames n'était qu'entr'ouverte. Bref, il n'avait pas osé monter.

— Imbécile ! bondit l'oncle Mériel. J'y vais, moi !...

« Lui », revint la mine allongée.

— La chambre, vide !... Sorties depuis longtemps, avec des costumes de bains !...

De larges gouttes de pluie tombèrent. Tous les Levillain, en chœur :

— C'est bien fait, elles se mouilleront !

Et des commentaires. Pourquoi ce changement d'avis ? Elles auraient dû, au moins, avertir.

Trop de sans-gêne, à l'égard de gens qui dépensaient depuis seize jours. Sans doute, quelque pudeur absurde de femme. Au dernier moment, cette vieille coquette de Mme Baton n'aurait plus voulu montrer ses formes en pantalon et en peignoir. Peut-être cette Cécile, si réservée et « si morne » ? Tout à coup Stanislas, qui s'était avancé jusqu'aux cabines, vint les avertir :

— Je les ai vues ! elles se baignent...

Ils se précipitèrent tous vers la plage. L'oncle Mériel et Stanislas, en avant, nu-tête; puis Mme Levillain chargée d'une immense couverture de lit; enfin M. Levillain père, le dernier, déployant un riflard de famille, rouge, tout déchiré. Il pleuvait fort. Deux bateaux, surpris en pleine promenade, revenaient à force de rames, chargés d'une société nombreuse abritée sous des parapluies. Grise, la mer se confondait à peu de distance avec le ciel gris. Il ne fallait rien moins que des yeux de fiancé pour reconnaître Cécile et Mme Baton dans l'eau : tout là-bas, près du bord, à la hauteur de l' « hôtel de la Marine », deux petits points noirs, émergeaient au-dessus des vagues.

— Es-tu sûr que ce soient-elles ? demandait l'oncle Mériel, un peu myope.

Stanislas en était sûr.

— Mme Baton, tenez ! la première... l'eau lui

vient à la ceinture, à peine ! je distingue sa grosse poitrine... Aïe, que font-elles ?... Elles nous ont vus... Voilà qu'elles sortent de l'eau !

Et, de doubler le pas, alors, l'oncle et le neveu, de courir. Trop tard ! Comme effarouchées, ces dames, vite, vite, ramassèrent leurs peignoirs et s'enfuirent dans la direction de l'hôtel de la Marine.

L'oncle Mériel avait beau crier :

— Attendez-nous, sacrebleu ! On ne vous mangera pas !

Il n'arriva que pour voir, remontant quatre à quatre sur « le tissu », le dos énorme de la mère Baton en pantalon noir bordé de jaune, et un bas de mollet charnu, sa cheville taillée à coups de hache. Plus ingambe, Cécile avait disparu en poussant de petits cris pudiques.

N'y comprenant rien, inquiets, aussi trempés malgré le riflard rouge que s'ils avaient pris eux-mêmes le bain, les Levillain rentrèrent. Tout à coup, un cri déchirant sortit de la cuisine.

Mme Levillain lisait une lettre, glissée sous la porte par le facteur. C'était fini ! Cécile ne voulait pas de Stanislas. Les Baton retournaient à Rouen le lendemain et, ne devant pas être à l'hôtel de la journée, leur disaient adieu.

V

Tempête. Rage du vent et de la mer. Coups sourds de la lame, martelant la côte. Cela, sous un ciel bas, dans un brouillard intensément gris. Vols sinistres de flocons noirs chassés du large. Ligne blanche des rochers du Calvados ; brisants, devinés çà et là, à fleur d'eau. Pas une voile. Barques de pêcheurs amarrées, sautant comme des coquilles de noix. Sur la plage, pas un chat à onze heures du matin. Les cabines fermées, lavées par l'écume, ruisselantes.

Au haut de l'unique falaise qui, dominant Saint-Aubin, s'avance en promontoire, Cécile s'était réfugiée dans « la guérite de la douane, » — un simple banc de bois, sous quatre bâtons recouverts d'un bout de toile, — un frêle abri.

Debout à l'entrée, Stanislas, tout en retenant son chapeau, à deux mains, lui disait :

— Enfin, mademoiselle, nous sommes seuls...

Cécile trépignait.

— Inutile ! monsieur, inutile !... Maman a beau comploter avec votre oncle Mériel... Hier, par exemple, à chaque instant, elle cherchait à descendre sans moi au bureau de l'hôtel... Ce matin, elle a si bien fait que nous venons de manquer la voiture... Et tantôt donc, elle m'a laissée ici, seule, sous prétexte que ma robe serait perdue, qu'elle allait me chercher un parapluie... On me croit bien bête !

Stanislas essaya de balbutier quelque chose.

— Quand je dis non, c'est non ! s'obstinait-elle.

— Mais pourquoi dites-vous non ? hasarda Stanislas.

Pourquoi ? Il osait le demander, le scélérat, l'hypocrite ! Eh bien ! elle allait le lui jeter au nez, le pourquoi.

— Monsieur ! elle ne vous disait pas non, cette... personne... que vous meniez danser au casino...

Stanislas rougit. Il ne lui vint que des mots entrecoupés :

— On vous a dit... Non, je vous jure... oui, pourtant, au casino de Langrune, une fois... Mais jamais, croyez-moi, au grand jamais !...

Au lieu d'achever ses phrases, il gesticulait. La tempête lui emporta son chapeau. Alors, la tête perdue, tombant à genoux :

— D'ailleurs, mademoiselle, je ne sais même pas danser !

Et le vent ébouriffait sa chevelure. Mlle Baton devint tout à fait cruelle :

— Vous ne me baisez pas la main comme à cette... personne... dans votre chambre, après minuit ?

Et elle se leva, mais, à son grand étonnement, vit Stanislas se remettre assez vite. Retrouvant son chapeau derrière le banc de bois, puis rejetant les mèches qui avaient voilé un moment son front honnête, Stanislas lui expliqua posément que ses assiduités de toute une semaine n'avaient eu d'autre but que la conclusion d'une affaire. Oui ! amabilités devant la table d'hôte, petits soins, persistance à accompagner la dame, tout cela, c'était pour entortiller commercialement la cocotte et lui faire acheter un coupon défraîchi, trente-six mètres cinquante de Chantilly, d'un placement difficile.

— Mais, objecta Cécile très radoucie, vous lui baisiez la main...

— A la cliente... oui ! répliqua Stanislas. De peur qu'elle ne songeât à vérifier la dentelle.

La tempête se calmait. Dans la direction du

phare de la Hève, un coin de ciel bleu. D'un mot, Stanislas acheva de convaincre et d'attendrir la jeune fille :

— Cécile ! dit-il d'un ton pénétré, en sortant un papier de son portefeuille... Voici la facture.

Août 1876.

LE BONHEUR

« Je sens peut-être plus que
» je ne dis, car j'ai relégué
» toute emphase de mon style ».
    Gustave Flaubert (*Cor-
    respondance*).

I

Il y avait une fois un homme qui vivait heureux.

Sa fortune était des plus modestes. Mais il avait su, de bonne heure, restreindre ses désirs, arranger son existence.

Certes, comme tant d'autres, à vingt ans, étouffant dans sa sous-préfecture, Georges Davenne était d'abord venu à Paris. Là, de vingt ans à trente-cinq, il avait tenté bien des choses, traversé des mondes divers, coudoyé partout des coquins et des imbéciles. Et il s'était brûlé les ailes à toutes sortes de passions. Les femmes, les affaires, le jeu, la politique même, il en connut peu à peu l'envers et les dessous, à ses dépens. Puis, sonna l'heure où, revenu de bien des convoitises, fatigué d'avoir beaucoup vécu, il ne songea plus qu'à bien vivre.

Alors, de son patrimoine écorné, possédant encore une propriété, toute en prairie et en bois, à une soixantaine de lieues de Paris, Georges, au lieu de l'hypothéquer ou de la vendre, vint l'habiter, l'exploita lui-même, fit rentrer ses foins, surveilla ses coupes. Et là, dans cette existence nouvelle, il n'avait pas tardé à devenir un homme heureux.

II

Jeune encore, régénéré de toutes les façons, il fut bientôt robuste comme un de ses grands chênes et, avec ça, libre d'esprit, simple de cœur. Alors, il ne voulut plus vivre seul, et fonda une famille digne de lui : tel le tronc, telles les branches.

Sa femme, il avait su la choisir : de dix ans moins âgée, aimante, saine comme lui, gracieuse et douce, autant qu'il était fort. Un mariage d'amour, parbleu ! Une sottise en apparence, puisqu'il l'avait prise sans le sou ; mais au fond, une folie sage, une bonne affaire, un acte de haute politique privée.

Les premières ardeurs de la possession calmées, il l'avait faite profondément sienne, la repétrissant à son image, lui inspirant ses goûts, ses idées, l'initiant à ses espoirs.

Deux enfants étaient survenus. D'abord un fils, Pierre un heureux mélange d'elle et de lui, expansif et doux comme l'une, réfléchi comme l'autre, et poussant bien : déjà un petit homme de six ans, ardent au jeu, qui courait partout comme un diable et vous stupéfiait par la logique de ses raisonnements. Puis Edmée, une demoiselle de deux ans et demi, adorable avec ses bonnes grosses joues à fossettes, ses yeux de pervenche.

Enfin la maison — garantie des vents du nord et de l'ouest, par un demi cirque de coteaux couverts d'arbres de haute futaie, et exposée au midi, avec la vue d'une plaine sans fin où serpentait un large fleuve, çà et là divisé en deux bras par des îles vertes — la maison était pleine du soleil, de rires d'enfants, d'activité heureuse. La vie y affluait, claire et chantante, y éclatait. Et des chevaux hennissaient à l'écurie, les pintades étaient plus bruyantes que le reste de la basse-cour, des paons faisaient les beaux sur les piliers de la terrasse avant de s'envoler dans les hauts marronniers. Et Pierre et Edmée avaient deux bons amis, — deux camarades spéciaux et préférés — presque de la famille, ceux-là, car ils avaient « élevé » Pierre et Edmée. De bonne com-

position, Black et Bonne-Belle leur servaient de
« joujoux vivants ». Black surtout, un bon gros
chien d'arrêt, couleur vieil amadou (malgré son
nom !) n'était-il pas une sorte de Christ canin, qui
se serait laissé crucifier. Autrement fine, indépendante d'allures, la chatte, Bonne-Belle, lorsqu'elle ne voulait plus rire, savait se réfugier
sur les genoux de Mme Davenne, une providence
pour elle, qui restait quelquefois des heures
à lui passer la main sur sa fourrure feu et
blanche, tachetée de noir.

III

Cependant, le malheur entra dans cette maison.

Le petit Pierre, par une tiède après-midi de septembre, jouait paisiblement avec Black, au milieu de la prairie, à se rouler sur des meules de foin. Vers le coucher du soleil, il fit subitement froid, humide. Pierre eut le croup dans la nuit et, en quelques heures, fut emporté.

Pendant plusieurs semaines, Edmée, trop jeune pour avoir compris ce que c'était que la mort, demandait de temps en temps : « Où est-*elle*, Pierre ? » Puis à la longue, Edmée l'oublia.

Mais les parents n'oubliaient pas, eux. La mère surtout, qui, à son insu, par une sorte d'attirance mystérieuse, avait toujours « préféré » Pierre.

Elle s'assombrit de plus en plus. Lui adressait-on la parole, elle répondait par un certain : « Hein... quoi ? » qui revenait de loin. Enfin, son caractère changea complètement, s'aigrit. Ses mélancolies aboutissaient maintenant à des colères.

De loin en loin, pourtant, des joies bruyantes et sans cause la prenaient : comme si elle avait eu à dépenser quelque trop plein de félicité, une réserve de bonheur ancien. Puis, sans qu'on sût pourquoi, la girouette tournait.

Alors recommençaient les longs silences obstinés, les grandes colères pour rien, les larmes. Et dans ces accès, des gronderies injustement violentes, même des gifles, tombaient sur Edmée. « Je te déteste ! lui criait-elle. C'est toi qui es cause de tous mes malheurs ! » La petite n'y comprenait rien, mais entrait à son tour dans des rages, se roulant par terre, criant comme un veau qu'on saigne ; elle battait l'air de ses pieds et tâchait de mordre qui l'approchait, même son père, s'il avait l'imprudence de vouloir la relever.

Une fois, passant avec sa fille sur la berge d'un petit fossé plein d'eau, M⁽ᵐᵉ⁾ Davenne la secoua par le bras, avec tant de brutalité, qu'Edmée glissa, tomba là-dedans. Comme éveillée brusquement d'un rêve, la mère sauta dans le fossé avec un grand cri, releva sa fille toute mouillée, l'emporta en courant. Et elle passa la nuit à lui donner des boissons chaudes, à la frictionner avec des serviettes brûlantes, perdant la tête quand la petite toussait, s'accusant tout haut, se tordant les bras de désespoir.

Edmée en fut quitte pour une forte grippe ; mais, le matin où elle se leva pour la première fois, la joie acheva de détraquer le cerveau de Mme Davenne. Georges dût conduire sa femme dans une maison d'aliénés.

V

N'ayant plus qu'Edmée, maintenant, Georges l'aimait pour trois. Il s'efforçait de remplacer la mère, s'occupant des moindres détails, faisant manger la petite, assistant à son coucher, se relevant la nuit pour lui border ses couvertures.

S'étant procuré des livres d'éducation, d'hygiène, de médecine, il les étudiait à son intention, prenait des notes sur tout ce qui concerne le jeune âge, afin d'être à même de prévoir les imprudences, de soigner les bobos, de n'être pris au dépourvu par rien. Oh! comme il y tenait à celle-ci! En retour, Edmée, sur le point d'accomplir ses quatre ans, devenait une enfant superbe, ne demandait qu'à vivre. Un vif-argent, toujours en mouvement, mais douce, maintenant qu'on ne la brutalisait plus. Elle savait déjà ses mots, raisonnait comme une personne avisée avec de jolis gestes neufs, comptait jusqu'à dix en mettant le quatre avant le deux, connaissait certaines lettres de l'alphabet.

Cependant, ni la gentillesse de l'une, ni la vigilance de l'autre, ne conjurèrent le sort. Et la fatalité s'accrocha à cette mesquine circonstance : un voisin de campagne, homme hargneux et sournois, avait des lapins, quelques mauvais lapins de choux, pullulant dans leur niche.

Depuis plusieurs semaines Bonne-Belle, la grande amie d'Edmée, la chatte aux allures indépendantes, prolongeait ses sorties mystérieuses. Où allait-elle ? On se le demandait, lorsqu'un jour, le voisin hargneux accourut, nu-tête, les yeux hors de l'orbite :

— Où est-elle ? que je l'éventre !... que je lui arrache les tripes !...

Il s'agissait de Bonne-Belle, que le malotru venait de surprendre, devant le grillage de ses lapins, en train de rêver innocemment. Ulcéré d'un récent « malheur » — un des *pères* lui avait dévoré la moitié d'une portée — ce propriétaire y avait vu rouge. Et après une poursuite à coups de pierres, suffoqué, haletant d'avoir couru, il avait soif de carnage. Et Black donnait de la voix, montrait les dents, pour défendre sa camarade. Puis, pendant que Georges parlementait avec le voisin, la petite Edmée, seule, une minute, voulut rejoindre Black, traversa la cour. Et la grosse roue d'une charrette de foin, qui entrait juste à ce moment, lui passa sur la poitrine.

V

A l'aspect de ce qui restait de sa fille, Georges chancela, ses yeux papillotaient. Il fut un moment comme hébété, puis sembla se remettre. Les chênes frappés de la foudre ne s'effondrent pas toujours sur le coup.

Sans pleurer, seulement très pâle, il ramassa Edmée, la porta dans son petit lit. Et après l'avoir lavée, il lui mit sa plus belle robe, peigna ses cheveux, cacha sa blessure sous des roses et des aubépines. A la nuit, pris d'une soif ardente, il descendit, avala une carafe d'eau. Puis ayant congédié tout le monde, il remonta auprès de sa fille, commença la veillée, seul. Et il était stupéfait de supporter sa douleur. La pendule, sur la cheminée, battait toujours les secondes. Com ment, déjà tant d'heures écoulées ! Par exemple, depuis la première minute, il avait pris une résolution : « Je me tuerai. » Quand ? Oh ! le soir de l'enterrement, sans doute. Dès qu'il aurait fait ce qu'il lui restait à faire sur la terre, et ce n'était vraiment pas lourd. Tout à coup, au dehors, dans la nuit — là, sous les fenêtres — une plainte prolongée, lugubre : Black « hurlait à la mort. »

Et, s'étant retourné, il vit briller, dans un enfoncement noir de la chambre, deux petites lueurs bleuâtres, phosphorescentes. Un moment, il ne les vit plus, puis les retrouva presqu'aussitôt, luisant, à la même place : les yeux de Bonne-Belle.

« Ces pauvres animaux ! On aura oublié de leur donner à manger... » pensait-il. Aussi, étant allé ouvrir au chien, il monta de l'office un restant de gigot.

— Tiens ! mon Black... Pour toi, Bonne-Belle..

Mais les deux bêtes refusèrent. Comme il insistait, le chien, humble, avec un regard triste, vint lui lécher les mains. Et la chatte, déjà pelotonnée sur ses genoux, ne quittait plus du regard le petit lit d'Edmée.

Alors quelque chose, en lui, se déchira; et ses larmes coulèrent, sur Black, sur Bonne-Belle, qu'il tenait tendrement embrassés. Oh ! il les aimait, maintenant ! Et, en les aimant, il ne se sentait plus seul. Devant la morte, qu'ils étaient trois à regretter, voilà que Georges se rattachait à la vie.

Octobre 1889.

FIN

TABLE DES MATIÈRES

CÉSAR PANAFIEU 1

JOIES D'ENFANT.

    Marietta 95
    Toinon. 99
    Clara et Rosine 107
    Sylvie. 117
    Bianca 125

SUR LA BUTTE.

    A quoi rêvent les vieilles filles 137
    Les Nuées 150
    La Chouette. 159
    Nuit à trois. 169
    La dernière fatigue 189
    Dans l'arrière-cave. 199

PRODUITS DU MIDI.

    Le système Le Play 225
    Ménier II 228
    Monsieur Lapierre 231
    Le Coléoptère 235
    Le duc de Saint-Simon 237
    La « Juge de Paix » 245

STANISLAS LEVILLAIN. 249

LE BONHEUR 270

FIN DE LA TABLE

Tours, imp. E. Mazereau.

www.ingramcontent.com/pod-product-compliance
Lightning Source LLC
Chambersburg PA
CBHW071125160426
43196CB00011B/1810